Postmoderne Topographien

Europäische Hochschulschriften

Publications Universitaires Européennes
European University Studies

Reihe I
Deutsche Sprache und Literatur

Série I   Series I
Langue et littérature allemandes
German Language and Literature

Bd./Vol. 1978

PETER LANG
Frankfurt am Main · Berlin · Bern · Bruxelles · New York · Oxford · Wien

Maik M. Müller

Postmoderne Topographien

Ernst Jüngers *Eumeswil* und
Christoph Ransmayrs *Morbus Kitahara*

PETER LANG
Internationaler Verlag der Wissenschaften

Bibliografische Information der Deutschen Nationalbibliothek
Die Deutsche Nationalbibliothek verzeichnet diese Publikation
in der Deutschen Nationalbibliografie; detaillierte bibliografische
Daten sind im Internet über <http://www.d-nb.de> abrufbar.

Gedruckt auf alterungsbeständigem,
säurefreiem Papier.

ISSN 0721-3301
ISBN 978-3-631-59205-2

© Peter Lang GmbH
Internationaler Verlag der Wissenschaften
Frankfurt am Main 2009
Alle Rechte vorbehalten.

Printed in Germany 1 2 3 4 5   7

www.peterlang.de

Inhaltsverzeichnis

1. Wiederkehr des Raumes

Die Kategorie des Raumes hat in den letzten Jahren in der geistes-, sozial- und kulturwissenschaftlichen Theoriebildung wieder an Aktualität gewonnen. Zahlreiche theoretische Ansätze nutzen Konzepte von Topographie und Räumlichkeit[1] und beleuchten somit jene Aspekte, die in den avancierten medien- und systemtheoretischen Entwürfen marginalisiert werden. Denn in deren Diskussionszusammenhängen erscheint der Raum meist lediglich als diejenige Kategorie, deren Beseitigung durch lichtgeschwinde Echtzeitkommunikation prophezeit wird. Oder er wird bereits im Theoriedesign eliminiert, weil in der Konzentration auf jene Kommunikationsoperationen und Codierungstechniken, die das Gesellschaftssystem jenseits aller Materialität und realen Distanz temporal organisieren, räumliche Kategorien ausgeblendet werden.[2]

> „Ferner haben die neuen Kommunikationstechnologien und vor allem das Fernsehen Auswirkungen, die kaum zu überschätzen sind. Sie bagatellisieren, wenn man so sagen darf, den Platz, von dem aus man etwas sieht. Was man im Fernsehen sieht, findet *anderswo* statt und trotzdem nahezu gleichzeitig [...]."[3]

Gegenüber solchen Prognosen im Fahrwasser konstruktivistischer und medientheoretischer Ansätze wurde jüngst eine „Renaissance des Raums"[4] konstatiert, eine Revitalisierung des Bewusstseins von Regionalität, Traditionalismus und territorialen Raumordnungen, das zur egalisierenden Entwicklungstendenz virtueller und zunehmend globalisierter Kommunikationsmedien quer steht. Darüber hinaus sei die Kategorie des Raumes in den soziologischen Theoriedebatten kaum präzisiert worden und habe „als theoretisch reflektierter Terminus jahrzehntelang ein kümmerliches Dasein gefristet."[5] Fragen nach den Konstitutionsbedingungen, der Beschaffenheit und Qualität des Raumes, nach den Wechselbeziehungen zwischen Raum und menschlicher Wahrnehmung,

---

1   Zum Überblick vgl. Weigel 2002.
2   So in der Systemtheorie Luhmannscher Provenienz.
3   Luhmann 1997, S.152.
4   Maresch/Werber 2002, S.8. Der Band legt besonderes Augenmerk auch auf die Wiederkehr der Geopolitik.
5   Ebd., S.12.

nach Formen der „Organisation des Nebeneinanders"[6] prägen vor diesem Hintergrund neuere Diskussionszusammenhänge jenseits einer Perspektive, die ,Raum' unproblematisch als gegeben voraussetzt.[7]

---

6   Löw 2001, S.12.
7   So die Zielrichtung der beiden Publikationen von Löw 2001 und Maresch/Werber 2002.

2. Pariser Passagen

Nun hat bereits Walter Benjamin mit dem *Passagenwerk* einen theoretischen Rahmen geschaffen, in dem nicht nur Topographie und Räumlichkeit eine zentrale Rolle spielen, sondern auch die Kategorie der Zeit
ihren Platz findet. Als ‚Urgeschichte der Moderne' konzipiert, findet
Benjamins Forschungsprojekt[8] seinen Horizont im Paris des 19. Jahrhunderts. Dessen urbane Substanz und städtebauliche Transformation,
seine physiognomische Form und Gestalt werden für Benjamin zum
Anlass einer Geschichtstheorie, die ihre Bezugsgrößen in der Materialität
architektonischer Formen und kultureller Praktiken aufsucht.
Ein wichtiges Zentrum dieses Entwurfes und Namenspatron des ganzen
Projekts bilden die Pariser Passagen, frühe Formen des Warenhauses,
überdachte Ladenstraßen, die von Benjamin aufgrund ihres Erschei-
nungsbildes und ihrer Phänomenologie als paradigmatische Geburts-
stätten der Moderne gedeutet werden. Architektonisch als Stahl- und
Glaskonstruktionen realisiert, wiesen die Passagen in die Zukunft einer
von „Eisen als Material"[9] präformierten Formenwelt des Bauens, frühe,
zu früh gekommene Gestalten[10] einer „Signatur aller Produktionen
dieser Epoche"[11]. Zugleich erscheinen die Passagen als zeitgenössische
Kultstätten luxuriöser Produkte und Heimstätte bürgerlicher Konsumption, als Orte, an denen die Warenwelt ihre sakrale Aura entfalten

---

8　Das *Passagenwerk* bildet kein abgeschlossenes, autorisiertes Werk, sondern ist, in der
　　Form, in der es als Band V der von Rolf Tiedemann und Hermann Schweppenhäuser
　　herausgegebenen *Gesammelten Schriften* vorliegt, das Produkt editorischer Rekonstruk-
　　tionsbemühungen von verschiedenen Entwürfen und Manuskripten mit z.T. komplizier-
　　ten Überlieferungsgeschichten. Diese Ausgabe dient als Textgrundlage für Walter
　　Benjamin und wird im Folgenden zitiert als Benjamin Band.Teilband, Seite. Benjamin
　　arbeitete am Passagenprojekt in verschiedenen Phasen von 1927 bis 1940, so dass die
　　Frage nach einer möglichen endgültigen Form des Passagen-Materials vor dem Hinter-
　　grund der Entwicklung seines Denkens erhebliche Probleme aufwirft. Vgl. Buck-Morss
　　1993, S.67-76, sowie den editorischen Bericht des Herausgebers Benjamin V.2, S.1067-
　　1080.

9　Benjamin V.1, S.220.

10　„Zu früh gekommenes Glas, zu frühes Eisen. In den Passagen ist das sprödeste und das
　　stärkste Material gebrochen, gewissermaßen geschändet worden. Mitte vorigen Jahr-
　　hunderts wußte man noch nicht, wie mit Glas und Eisen gebaut werden muß."
　　(Benjamin V.1, S.211f).

11　Benjamin V.1, S.220.

konnte, „Tempel des Warenkapitals"[12] und des mondänen Vergnügens, in denen der Flaneur als epochentypische Gestalt ebenso beheimatet war wir die Prostituierte.[13] Die Passage

> „ist nur geile Straße des Handels, nur angetan, die Begierden zu wecken. Weil in dieser Straße die Säfte stocken, wuchert die Ware an ihren Rändern und geht phantastische Verbindungen wie die Gewebe in Geschwüren ein. – Der Flaneur sabotiert den Verkehr. Er ist auch nicht Käufer. Er ist Ware."[14]

Benjamins Bilder erweisen sich als vielschichtige Montagen; sie fangen die Passagen ein als Raum einer urphänomenalen Entfaltung der Moderne mit all ihren Derivaten, der Mode, dem Spiel, der Prostitution, und entwerfen daraus einen Kosmos der bürgerlichen Welt des 19. Jahrhunderts, deren Imaginationen und Motive antikische, mythische und naturgeschichtliche Signaturen tragen.

Die Passagen von Paris bilden in Benjamins Texten nicht nur Keimzellen derjenigen soziokulturellen und –ökonomischen Entwicklungsprozesse, die das Wesen der Moderne bestimmen. Sie dienen darüber hinaus als Schauplätze einer historischen Anschauungsform, die in der Dialektik von Traum und Erwachen gestaltet wird.

„Passagen sind Häuser oder Gänge, welche keine Außenseite haben – wie der Traum."[15]

Als reiner Innenraum repräsentieren die Passagen einen historischen Traumzustand, der topographisch verortet wird.[16] Indem Benjamin „das Verhältnis von Traum und Bewußtsein materialiter in der Topographie der Stadt"[17] wiederentdeckt, entwirft er ein theoretisches Modell der Repräsentation von Zeit- in Raumstrukturen.

---

12 Ebd., S.86.
13 Vgl. Buck-Morss 1993, S.110. Mit der Prostitution wird die Frau, im Flaneur der Dichter und seine Literatur zur Ware und reiht sich ein in die Ordnung von Entfremdung, Verdinglichung und Warenzirkulation. Vgl. Bolz / Reijen 1991, S.63-66.
14 Benjamin V.1, S.93.
15 Benjamin V.1, S.513.
16 Wobei ein traumähnlicher Erfahrungsraum auch durch die architektonisch-materielle Erscheinungsform der Passagen evoziert wird: „Eigentlich handelt es sich bei den Passagen nicht wie bei andern Eisenkonstruktionen um Erhellung des Innenraums, sondern um Dämpfung des Außenraumes." (Benjamin V.2, S.668f).
17 Weigel 1997, S.32.

„Objekte der Großstadt, Überbleibsel des vorigen Jahrhunderts sind, ebenso wie Traumbilder, hieroglyphische Hinweise auf eine vergessene Vergangenheit."[18]

Die Passage wird somit zu „Ort und Stelle des Übergangs"[19], zum Modell einer Schwellenüberschreitung, „die den Zugang zum Vergangenen markiert."[20] Benjamin überführt die topographischen Raumstrukturen des Paris der Moderne in die „mythologisch[e] Topographie"[21] einer vergangenen Traumstruktur, in der „der Stadtplan [...] als Schrift moderner Acheronta lesbar"[22] wird. Wer die Passage betritt, wechselt über vom wachen Bewusstsein in den Hades eines mythologischen Traumschlafes:

> „Man zeigte im alten Griechenland Stellen, an denen es in die Unterwelt hinabging. Auch unser waches Dasein ist ein Land, in dem es an verborgenen Stellen in die Unterwelt hinabgeht, voll unscheinbarer Örter, wo die Träume münden. [...] Das Häuserlabyrinth der Stadt gleicht am hellen Tage dem Bewußtsein; die Passagen [...] münden tagsüber unbemerkt in die Straßen. Nachts unter den dunklen Häusermassen aber tritt ihr kompakteres Dunkel erschreckend heraus und der späte Passant hastet an ihnen vorüber, es sei denn, daß wir ihn zur Reise durch die schmale Gasse ermuntert haben."[23]

In Benjamins Blick erscheinen „die Häuser und Häuserlabyrinthe als Traumgebilde, d.h. als Stein und Gestalt gewordene Träume der Alten [...]."[24] In den Raumstrukturen des Paris der Moderne manifestieren sich

---

18   Buck-Morss 1993, S.59.
19   Weigel 1997, S.33.
20   Ebd.
21   Benjamin V.2, S.1020.
22   Bolz 1989, S.109.
23   Benjamin V.1, S.135.
24   Weigel 1997, S.33.

mythologische Motive[25]; das 19. Jahrhundert als Zeitraum ist zugleich „Zeit-traum"[26].

> „Passagen – sie strahlten ins Paris der Empirezeit als Feengrotten. Wer 1817 die Passage des Panoramas betrat, dem sangen auf der einen Seite die Sirenen des Gaslichts und gegenüber lockten als Ölflammen Odalisken."[27]

In den blendenden Verführungen der Konsumption kehrt im Kontext eines „profanen Kult[es] der Ware"[28] die mythische Form der Verlockung des Odysseus wieder. Die Konstellation eines mythologischen Traumschlafes wird für Benjamin zur Signatur der Moderne.

> „Der Kapitalismus war eine Naturerscheinung, mit der ein neuer Traumschlaf über Europa kam und in ihm eine Reaktivierung der mythischen Kräfte."[29]

Die Passage erscheint als Miniaturmodell der Epoche, die in Paris als „Hauptstadt des XIX. Jahrhunderts"[30] zum entzifferbaren Text geronnen ist. Benjamin liest diesen Text[31] als phantasmagorisches Bildarsenal: Der luxuriöse Glanz der Stadt und die Sakralisierung der Ware durch die Weltausstellungen verweisen einerseits auf einen Fetischismus der Warenwelt, in dem jeder Gebrauchswert durch einen imaginären, rein repräsentativen Tauschwert ersetzt worden ist.[32] Andererseits mani-

---

25 Die Bilder des Mythos transportieren eine Deutung der kapitalistischen Moderne: „Es liegt auf der Hand, die Unterwelt zugleich als kapitalistische Hölle und als Symbol für das verkehrte, in sich durch Gegensätze bestimmte individuelle und kollektive Bewußtsein und damit als Allegorie aufzufassen." (Bolz / Reijen 1991, S.66).

26 Benjamin V.1, S.491.

27 Benjamin V.2, S.700.

28 Bolz / Reijen 1991, S.72.

29 Benjamin V.1, S.494.

30 So der Titel von Benjamins Exposé zum Passagen-Projekt von 1935. Vgl. Benjamin V.1, S.45.

31 „Die Rede vom Buch der Natur weist darauf hin, daß man das Wirkliche wie einen Text lesen kann. So soll es hier mit der Wirklichkeit des neunzehnten Jahrhunderts gehalten werden. Wir schlagen das Buch des Geschehenen auf." (Benjamin V.1, S.580).

32 „Weltausstellungen sind die Wallfahrtsstätten zum Fetisch Ware." (Benjamin V.1, S.50). „Die Weltausstellungen waren die hohe Schule, in der die vom Konsum abgedrängten Massen die Einfühlung in den Tauschwert lernten. ‚Alles ansehen, nichts anfassen.'" (Benjamin V.1, S.267). Die durch Marx' Formel vom „Fetischcharakter der Warenwelt" (Benjamin V.1, S.245) inspirierte Deutung Benjamins der ökonomischen

festiert sich in ihnen ein unbedingter Fortschrittsglaube, den Benjamin ebenso wie die imaginäre Aura der Produktwelt als Teil der Selbstverzauberung der Epoche versteht. Medientechnische Innovationen wie das Diorama, das Panorama und die Stereoskopie arbeiten im Kleinen ebenso an der vorgespiegelten Illusion und der täuschenden Einbildung wie im Großen die megalomanische Umgestaltung des alten Paris durch Baron Haussmann mit ihrer Orientierung an Perspektivachsen und einer zentralistischen urbanen Raumordnung.[33] Die architektonischen Formen und das Produktdesign des Neuen verweisen auf das Alte; es herrscht ein „Maskentreiben der Stile, das sich durch das 19te Jahrhundert dahinzieht"[34], eine Verhüllung der Dinge in die „archaischen Masken des klassischen Mythos"[35]. Das Interieur legt Zeugnis ab von einer Mobilisierung der Formen der Vergangenheit, die die bürgerliche Lebenswelt kostümiert.

> „Der Raum verkleidet sich, nimmt wie ein lockendes Wesen die Kostüme der Stimmungen an. Der satte Spießer soll etwas von dem Gefühl erfahren, nebenan könnte sich sowohl die Kaiserkrönung Karls des Großen, wie die Ermordung Heinrich IV., die Unterzeichnung des Vertrags von Verdun wie die Hochzeit von Otto und Theophano sich abgespielt haben."[36]

Zusammenhänge bildet ein durchgäniges Grundmotiv des Passagenwerkes. Wenn Benjamins Theorie der Geschichte auch durch den Marxismus grundlegende Anstöße erfährt, so erschöpft sie sich nicht im ökonomisch-materialistischen Denken: „Marx stellt den Kausalzusammenhang zwischen Wirtschaft und Kultur dar. Hier kommt es auf den Ausdruckszusammenhang an. Nicht die wirtschaftliche Entstehung der Kultur, sondern der Ausdruck der Wirtschaft in ihrer Kultur ist darzustellen. Es handelt sich, mit anderen Worten, um den Versuch, einen wirtschaftlichen Prozeß als anschauliches Urphänomen zu erfassen, aus welchem alle Lebenserscheinungen der Passagen (und insoweit des 19ten Jahrhunderts) hervorgehen." (Benjamin V.1, S.573f).

33 Benjamin betont u.a. auch die sozialpolitischen Ziele der von Baron Haussmann im Auftrag Napoleons III. zwischen 1853 und 1870 durchgeführten städtischen Neuordnung, der große Teile des historisch gewachsenen Stadtkerns zum Opfer fielen: Die Breite der Straßen sollte zukünftig den Barrikadenbau unmöglich machen. Vgl. Benjamin V.1, S.180.

34 Benjamin V.1, S.288.

35 Buck-Morss 1993, S.144.

36 Benjamin V.1, S.286.

Die weiche „Plüschwelt"[37], in die sich das Bürgertum versenkt – die „Wohnung [erscheint] als Futteral des Menschen"[38] – wird anschaulich in dem von mythischen und historischen Formen geprägten Interieur, das „selbst ein Stimulans des Rausches und des Traumes ist."[39]

> „In Interieur, Museum und Weltausstellung des 19. Jahrhunderts herrscht die historisierende Maske. Unter ihr durchträumt die Bourgeoisie den tiefen Schlaf des Kapitalismus."[40]

Subjekt des Traumzustandes, der die phantasmagorische Bilderwelt erzeugt, jenen „narkotischen Historismus"[41], der dem 19. Jahrhundert sein Gepräge verleiht, ist das schlafende Kollektiv. Die Formenwelt der Moderne, wie sie sich in der Architektur, der Topographie und den materiellen Erzeugnissen der Epoche niedergeschlagen hat, erscheint bei Benjamin als Produkt des kollektiven Unbewussten, Bilder, zu denen der phantasmagorische Kollektivtraum geronnen ist.

> „Der tiefe Schlaf, in dem das Kollektiv die Veränderung der Welt versäumt, führt auf den Schauplatz der Bilder. Träume münden in die Unterwelt. Und doch findet, was nur geträumt ist, seinen Ausdruck in der Wirklichkeit, denn es verleiht ihren technischen Innovationen einen Traumweltindex."[42]

Mode, Reklame, Architektur, die Gestalten der Moderne, werden so als Materialisationen und Versteinerungen, als Spuren und Chiffren einer Traumsprache erfasst.[43]
„Der Traum – das ist die Erde, in der die Funde gemacht werden, die von der Urgeschichte des 19ten Jahrhunderts Zeugnis ablegen."[44]
Benjamins Erinnerungsarbeit an eine vergangene Epoche ist angelegt als Ausgrabungs- und Lektürearbeit, die die mythischen, ur- und natur-

---

37 Ebd., S.185.
38 Ebd., S.292.
39 Ebd., S.286.
40 Bolz 1989, S.96.
41 Benjamin V.1, S.493.
42 Bolz 1989, S.109.
43 Vgl. Bolz / Reijen 1991, S.76.
44 Benjamin V.1, S.140.

geschichtlichen Traumbildschichten freilegt, die sich im kollektiven Unbewussten überlagert haben und in der materiellen Welt als Spuren sedimentiert sind.

> „Die Topographie der Stadt ist hier nun nicht mehr nur raum- und stein-gewordene Vergangenheit, sondern sie ist auch als Topographie eines Kollektivgedächtnisses lesbar, in dem Erinnerungssymbole und Spuren sich der Lektüre im Sinne einer Entzifferung offenbaren."[45]

Benjamin entwirft jenseits von linear-progressiven Kontinuitätsmodellen eine Form der historischen Anschauung, die „die Idee des Fortschritts in sich annihiliert hat."[46] Sein Ansatz ist geprägt von der Destruktion eines Geschichtsmodells, das auf Totalität, Einheit und Kontinuität setzt.[47] In der Dialektik von Traum und Erwachen verdichtet sich dagegen eine Erkenntnistheorie, in der „Gewesenes nicht als Vergangenes fixiert, sondern als dialektisches Produkt der Vergegenwärtigung begriffen wird [...]."[48]

> „Die Verwertung der Traumelemente beim Erwachen ist der Schulfall des dialektischen Denkens. Daher ist das dialektische Denken das Organ des geschichtlichen Aufwachens. Jede Epoche träumt ja nicht nur die nächste sondern träumend drängt sie auf das Erwachen hin."[49]

Die „Aufsprengung der historischen Kontinuität"[50] wird zur Voraussetzung einer konstruktiven Synthesis des Diskontinuierlichen, die das Vergangene in die Aktualität der Gegenwart einbringt, indem sie den Traum des Historismus im Moment des Erwachens unterbricht und als lesbares Bildarchiv feststellt.

---

45 Weigel 1997, S.39. Hier erfolgt auch der Nachweis einer Präformation von Benjamins Entwürfen durch die Theorien Sigmund Freuds. Benjamins Übertragung des Freud-schen Gedächtnismodells und der Traumdeutung in den Kontext einer materialistischen Geschichtstheorie kann als transformative Fortschreibung der Psychoanalyse in die Kulturgeschichte verstanden werden. Vgl. ebd. S.38-49.
46 Benjamin V.1, S.574.
47 Vgl. Weigel 1997, S.204.
48 Bolz 1989, S.132.
49 Benjamin V.1, S.59.
50 Ebd., S.594.

„Echte historische Erfahrung ist [für Benjamin] die Einheit der Traumwahrnehmung des Vergangenen mit dem wachen Jetzt – und zwar im Augenblick des Erwachens."[51]

An die Stelle einer zeitlichen Relation von Gegenwart und Vergangenheit tritt eine Konstellation von Bildern[52], die aus der Lektüre der Physiognomie der Dingwelt, d.h. jener Gedächtnisspuren gewonnen werden, in denen sich das Unbewusste des Kollektivs verdichtet hat und die mit dem Jetzt im Augenblick einer zeitlich indizierten Erkennbarkeit in Beziehung treten und so – als dialektische Bilder – lesbar werden.[53] „Das dialektische Bild ist ein aufblitzendes. So, als ein im Jetzt der Erkennbarkeit aufblitzendes Bild, ist das Gewesene festzuhalten."[54] Der Moment des Erwachens als Schnittstelle von Traum und Bewusstsein bezeichnet den Augenblick, in dem das Gewesene mit dem Jetzt in einer plötzlichen und ursprünglichen Bildkonstellation zusammentritt als „blitzartig wahrgenommene Gestirnkonstellation am Himmel der Geschichte."[55]

„Nicht so ist es, daß das Vergangene sein Licht auf das Gegenwärtige oder das Gegenwärtige sein Licht auf das Vergangene wirft, sondern Bild ist dasjenige, worin das Gewesene mit dem Jetzt blitzhaft zu einer Konstellation zusammentritt. Mit andern Worten: Bild ist die Dialektik im Stillstand. Denn während die Beziehung der Gegenwart zur Vergangenheit eine rein zeitliche, kontinuierliche ist, ist die des Gewesenen zum Jetzt dialektisch: ist nicht Verlauf, sondern Bild <,> sprunghaft. – Nur dialektische Bilder sind echte (d.h.: nicht archaische) Bilder; und der Ort, an dem man sie antrifft, ist die Sprache."[56]

---

51   Bolz / Reijen 1991, S.79.
52   Vgl. Weigel 1997, S.41.
53   Benjamins Bildbegriff muss als „Überkreuzung von Bild und Schrift" (Weigel 1997, S.41) betrachtet werden. Gedächtnisspuren werden als Bilder gelesen und unterliegen somit einem Schriftmodell.
54   Benjamin V.1, S.591f.
55   Bolz 1989, S.135.
56   Benjamin V.1, S.576f.

‚Dialektik im Stillstand' wird zum Instrument eines Geschichtsdenkens, das den Raum der Kontinuitätsmodelle verlassen hat und Gewesenes jenseits seiner Zeitlichkeit im ‚Jetzt der Erkennbarkeit' als dialektisches Bild in die Gegenwart einbringt. Historie wird destruiert und in einen Bildraum gelöst, in dessen Konstellation eine messianische Haltung zum Ausdruck kommt, wobei messianische Erlösung nicht als Moment im Zeitkontinuum gedacht wird, sondern die Konstruktion des Zeitkontinuums, die Historie selbst, als Gegenpol des Messianismus im dialektischen Bild erscheint.[57]

Benjamin entfaltet jenseits des Repräsentations-Paradigmas einen Bildbegriff auf der Grundlage lesbarer Konstellationen, „in denen Figuren des Denkens mit der sinnlichen Wahrnehmung zusammentreffen, bzw., mit Blick auf Gedächtnis und Geschichte, Figuren der Erinnerung mit der gegenwärtigen Wahrnehmung."[58] In Form des Denkbildes werden dialektische Bilder wiederum in Schrift überführt, um so, durch eine „Mimesis der Schrift an eine bildliche Bedeutungskonstellation"[59], Denkfiguren, Gestalten der Vorstellung und Prozesse der Bedeutungskonstitution, Denkbewegungen im dialektischen Stillstand spannungsreicher Konstellationen, zum Gegenstand von Reflexion zu machen. Als paradigmatisch für dieses Verfahren kann das Denkbild vom ‚Engel der Geschichte' gelten, das den IX. Abschnitt des Textes *Über den Begriff der Geschichte* bildet.[60]

---

57 Vgl. Weigel 1997, S.76.
58 Weigel 1997, S.56.
59 Ebd., S.58.
60 Ausführlich in Kapitel 4.5 dieser Arbeit.

3. Zusammenhänge

Walter Benjamins Denken in textuellen Bildkonstellationen und sein Referieren auf Raumstrukturen, die im Rahmen einer historischen Spurensuche einer entziffernden Lektüre zugänglich werden, sollen das Koordinatensystem bilden, in dem nun zwei Romane der Postmoderne vermessen werden. Christoph Ransmayrs *Morbus Kitahara* und Ernst Jüngers *Eumeswil* entwickeln gleichermaßen Schauplätze, an denen Vergangenheit in den Figuren, Gestalten und Formen der Gegenwart präsent ist. Geschichte, die „in den Schauplatz hineinwandert"[61], manifestiert sich in Konstellationen der Topographie.

Hintergrund beider Romane bildet eine ‚condition posthistoire', die von dem Theorem ausgeht, dass Vergangenheit nicht mehr in Form der tradierten Narrationsgewohnheiten aufbereitet und als Entwicklung einer Kontinuität gedacht werden kann, in der dann auch die Gegenwart ihren jeweiligen Ort findet. Geschichtsphilosophische Perspektiven, die die Historie als sinnzentrierten, teleologischen Prozess mit immanentem Ziel interpretieren, erscheinen aus Sicht der beiden Romane delegitimiert. Der Ort der Gegenwart kann kein futurisches Verhältnis zur historischen Zeit mehr entwickeln. An die Stelle von Zukunftsperspektiven und Fortschrittsglaube treten Figuren des Rückblicks, die den Raum historischer Erfahrungsbildung und geschichtlicher Existenz als abgeschlossen vorstellen.

Beide Romane entwickeln diese Szenerie vor dem Hintergrund einer katastrophischen historischen Zäsur, die in *Eumeswil* in Form von „Feuerschlägen"[62] eines vergangenen nuklearen Krieges, in *Morbus*

---

61 Benjamin V.1, S.353.
62 Ernst Jünger: Eumeswil. Stuttgart 1977, S.50. Die Erstausgabe von 1977 dient als Textgrundlage und wird im Folgenden zitiert als Eum, Seite. Mögliche Umarbeitungen des Eumeswil-Textes, der in die seit 1978 erschienene Werkausgabe aufgenommen wurde, bilden nicht Gegenstand dieser Arbeit. Grundsätzlich wären vorgenommene Veränderungen nicht überraschend, weil Jünger viele Texte permanenten Überarbeitungsprozessen unterzogen und sie in immer wieder veränderten Fassungen vorgelegt hat. Für alle Zitate aus anderen Jünger-Texten dienen die *Sämtlichen Werke* als Textgrundlage, im Folgenden zitiert als Jünger, SW Band, Seite. In Jüngers Text bleibt die Apokalypse freilich vage und ist bereits ferne Vergangenheit. Im Kontext der Entstehungszeit des Romans, d.h. im Kontext der Blockkonfrontation mit ihrer präsenten Totalvernichtungsdrohung durch atomar gerüstete Supermächte, dürften schon die Andeutungen in *Eumeswil* entsprechende Endzeitassoziationen in Gang gesetzt haben.

Kitahara im Rekurs auf das Ende totalitärer Gewaltherrschaft durch den Sieg alliierter Truppen und die eigene Niederlage präsent ist. Die Romane entrollen gleichermaßen eine Gegenwart des Danach, eine zeitlich und räumlich nicht lokalisierbare postkatastrophische Utopie, die in ein Stadium des Stillstands (*Eumeswil*) bzw. der Regression (*Morbus Kitahara*) eingetreten ist.

Nun speist sich die Evidenz der postmodernen Szenerien aber gerade aus der Negation dessen, was die Moderne kardinal geprägt hat: Der Glauben nämlich an jenen historischen Progress, der ihre Ideologien, Mentalitäten und Sinnentwürfe wie einen roten Faden durchzieht. Auch nach dem imaginierten Austritt aus dem Raum der Geschichte bleiben die beiden Romane auf Signaturen und Konstellationen der Moderne bezogen. Stillstand und Regression der Romanwelten speisen sich geradezu aus dem Bild- und Motivarsenal des Gewesenen, dessen Elemente nun aber nicht mehr auf einer Zeitachse geordnet, sondern im Paradigma des Raumes versammelt werden. Die Jetztzeit der Romane eröffnet diskontinuierliche Querverstrebungen, in denen Vergangenes in die Bilder und Gefüge der Gegenwart eingebracht wird. Wie in einer Staustufe wird die historische Strömung in einem Zustand der Statik gebunden, ihre Elemente werden zum Inventar der Romanwelt verarbeitet.

Walter Benjamins Modernetheorie entzündet sich an der Kultur der europäischen Metropolen. Jüngers und Ransmayrs postmoderne Utopien dagegen evozieren ein Zeitalter der Regression, einen nachzivilisatorischen Zustand, der die Urbanität der Moderne bereits im Rücken hat und zu elementaren Erfahrungsräumen zurückgekehrt ist.

Mitunter gehen auch in Benjamins Großstadtlektüren neben Bildern der Antike Bilder der Ur- und Naturgeschichte ein, denn die

> „labyrinthische Masse im Labyrinth der Stadt legt es dem naturgeschichtlichen Blick nahe, Stadterfahrungen unter Naturschemata wie Urwald und Meer zu bringen."[63]
>
> „Paris ist in der sozialen Ordnung ein Gegenbild von dem, was in der geographischen der Vesuv ist. Ein drohendes gefährliches Massiv, ein immer tätiger Juni der Revolutionen. Wie aber die Abhänge des Vesuvs dank der sie deckenden Lavaschichten zu paradiesischen Fruchtgärten wurden, so

---

63 Bolz 1989, S.108.

blühen aus der Lava der Revolution Kunst, das festliche Leben, die Mode wie nirgends sonst."[64]

Benjamins Blick taucht den urbanen Raum ins Licht einer Urlandschaft, in der „[d]ie durch soziale Kräfte gestaltete Physiognomie von Paris [...] mit der einer geologischen Formation verglichen [wird]."[65] Als unvorhersehbare Eruption fällt die Revolution nicht nur aus der historischen Kontinuität, mit jedem Ausbruch verändert sie auch die Gestalt der sozialen Ordnung selbst. Sie wird zum geschichteten Nährboden kultureller Blüte, bedroht dieselbe aber beständig durch künftige Eruptionen. Während Benjamin in seinen Bildüberblendungen ein komplexes Verhältnis korrespondierender Ebenen schafft, scheint Jüngers Historiker Martin Venator die Szenerie selbst zu betreten und aus souveräner Distanz zu beobachten:

> „Ich gebe zu: es ist nicht einfach, sich aus der Gegenwart zu lösen, von ihren Wertungen abzusehen. Doch gerade ein steriles, vom Nihilismus ausgeglühtes Eumeswil bietet den Ort dazu. Der Blick fällt vom erloschenen Krater auf den Ozean. Dort unten in Pompeji füllen sich die Märkte; bald wird Plinius vom Cap Misenum heransegeln."[66]

Die Jetztzeit wird zur olympischen Höhe, von der aus sich Gewesenes als Wahrnehmungsraum öffnet, in dem sich wiederum die Gegenwart spiegelt. Der Historiker steht in einem Zwischenraum; im „Niemandslande zwischen den Gezeiten"[67] wird ein Posten errichtet, dem in einem doppelperspektivischen Blick die Zeitebenen zu verschmelzen scheinen. So enthüllt der Rückblick aus dem nachhistorischen Eumeswil den Moment, der unmittelbar dem Inferno jenes Vulkanausbruchs voranging, der die historische Zeit stillgestellt und die Epoche in einem Negativabdruck konserviert hat.[68] Während sich in Benjamins Bild

---

64 Benjamin V.2, S.1056.
65 Buck-Morss 1993, S.90.
66 Eum, S.376.
67 Ebd., S.97.
68 Von Plinius dem Jüngeren stammen einige der wenigen zeitgenössischen Texte, die den Ausbruch des Vesuvs im Jahre 79 n.Chr. beschreiben. Darin berichtet er u.a. von der Fahrt seines Vaters, Plinius des Älteren, der am Tage des Ausbruchs mit dem Schiff von Misenum nach Pompeji übersetzte und im Inferno umkam.

organische und anorganische Welt gegenseitig durchwirken – denn aus der Vulkanasche geht neues Leben hervor – lässt Jünger die Zivilisation an der Elementargewalt scheitern. Anorganische Erstarrung scheint auf als Generalmetapher des Posthistoire, die Gegenwart wird lesbar in Bildern der Vergangenheit.

In dieser Lektüre steckt eine perspektivische Verschränkung, eine gegenstrebige Fügung des Blicks, die in Benjamins Theorie der Moderne als „Ungleichzeitigkeit von Symbolen und Überresten"[69] gestaltet ist:

> „Die Entwicklung der Produktivkräfte legte die Wunschsymbole des vorigen Jahrhunderts in Trümmer noch ehe die sie darstellenden Monumente zerfallen waren."[70]

Werden die äußerlich intakten Monumente in der Retrospektive als Trümmer lesbar, indem in einer bildlichen Figur ein Blick des Davor mit einem des Danach ineinander fällt, so prägt diese Figur auch die Optik von Jüngers Historiker, wenn der Blick auf Pompeji aus einem Wissen um den drohenden Untergang heraus gestaltet wird. So scheint in aller Gegenwart bereits deren Hinfälligkeit auf.

„Ich sehe sie [die Zeitgenossen in Eumeswil] zuweilen, als ob ich vor dem Ausbruch des Vesuvs durch die Straßen von Pompeji wandelte."[71] Aus einer posthistorischen Gegenwart kann die Historie nicht mehr als sinnhafter Text rekonstruiert werden, weil die Geschichte, zumindest aus der Perspektive Venators, als ganze bereits gescheitert ist.

Auch in Christoph Ransmayrs *Morbus Kitahara* brechen in die Erzählgegenwart Gestalten der Urgeschichte ein, wenn die Welt in Zeiten des Krieges „in das Zeitalter der Vulkane zurückzufallen"[72] scheint:

---

69   Weigel 2004, S.277.
70   Benjamin V.1, S.59.
71   Eum, S.111.
72   Ransmayr, Christoph: Morbus Kitahara. Frankfurt a.M. 1995, S.9. Alle weiteren Zitate aus Morbus Kitahara werden im Folgenden durch das Kürzel MK ausgewiesen.

„In den Nächten flackerte das Land unter einem roten Himmel. Am Tag verfinsterten Phosphorwolken die Sonne, und in den Schuttwüsten machten die Bewohner von Höhlen Jagd auf Tauben, Eidechsen und Ratten. Aschenregen fiel."[73]

Damit kündigt sich in der Überblendung dieser frühen Passage bereits das Generalthema des Buches an. Das Ende des Krieges wird keinen Aufschwung bringen, sondern den Niedergang perpetuieren, der rückwärts durch die Moderne und aus ihr heraus führt. In Moor, dem Schauplatz des Romans, herrscht ein „Entzug der historischen Zeit"[74]. Auch Ransmayrs Roman nutzt eine perspektivische Verschränkung: „Erzählt wird die Zukunft von ‚damals'."[75] Indem Fragmente der Zeitgeschichte und Bestände des kollektiven Gedächtnisses aufgenommen und neu arrangiert werden, entsteht ein historisches Zeichentableau, das „‚Remake' einer angenommenen Erfahrungs- und Wahrnehmungsperspektive."[76] Die Gegenwart des Romans erscheint als artifizielles Produkt eines mobilisierten Erinnerungsarchivs, dessen Bestände in die topographische Raumordnung eingegossen werden. Während Jüngers Historiker aber souverän über den „historischen Weltstoff"[77] verfügt und sich frei in ihm bewegt, hausen die Figuren Moors in einer Trümmerwelt, die weniger von Kriegsfolgen als vielmehr von einer nachgeschichtlichen Perspektive ex-post zeugt[78], die die historische Kontinuität in Bilderserien zerlegt hat.[79]

---

73 Ebd., S.9f.
74 Scherpe 2002, S.164.
75 Ebd., S.165f.
76 Ebd., S.168.
77 Eum, S.123.
78 Scherpe charakterisiert Ransmayrs Roman als „Nachkriegsroman der Zweiten Generation" (Scherpe 2002, S.159).
79 Dieser Sachverhalt wird natürlich auch durch die Erzählperspektive gestützt: Während mit *Eumeswil* Aufzeichnungen eines Erzählers der ersten Person präsentiert und mit einer Herausgeberfiktion versehen werden, ist in *Morbus Kitahara* ein Erzähler präsent, der in wechselnden Fokalisierungen und unterschiedlicher Annäherung an die Figuren das Erzählgeschehen organisiert. Kann die multiple Fokalisierung als „Absage an die sinnstiftende Instanz des einen, die geschlossene Perspektive der Wahrnehmung gewährleistenden Subjekts" (Fröhlich 2001, S.96) gelten, so wäre anzumerken, dass Jünger mit Martin Venator eine Figur geschaffen hat, deren Deutungs- und Sinnstiftungskompetenz gewissermaßen so groß ist, dass sie ihren Träger aus der Bahn einer geschlossenen Wahrnehmung trägt und dezentrierende Wirkung entfaltet.

Trotz aller Differenzen bewegen sich somit beide Romane in einem Rahmen, den bereits Benjamin mit seiner Geschichtsarbeit vermessen hat:

> „Das destruktive oder kritische Moment in der materialistischen Geschichtsschreibung kommt in der Aufsprengung der historischen Kontinuität zur Geltung, mit der der historische Gegenstand sich allererst konstituiert."[80]

---

80   Benjamin V.1, S.594.

4. Eumeswil

Für den Protagonisten von *Eumeswil*, den Ich-Erzähler und „Histo-
riker"[81] Venator, bilden die realgeographischen Raumkoordinaten keine
verlässlichen Orientierungsmarken mehr:
„[J]e nach Laune glaube ich manchmal am Mittelmeer, manchmal am
Atlantik zu sein."[82]
Ähnlich wie Ransmayrs postzivilisatorisches Moor, das als exzentrischer
Flecken Erde am Rande der Weltgeschichte sein Dasein fristet, erscheint
auch Jüngers Eumeswil, „eine Oase zwischen den Diadochenreichen der
großen Chane und epigonalen Stadtstaaten"[83], als kleinstädtische
Provinz im Zustand der Isolation. Situiert in einer unbestimmten, aber
fernen Zukunft, repräsentiert Eumeswil einen imaginären Schauplatz,
der dennoch seine Physiognomie einer nordafrikanischen Landschaft
entlehnt und damit auf eine „topographische und namentliche Verwurzelung im Erlebten"[84] des Autors beziehbar bleibt.[85] Wie Ransmayrs
Moor verdankt auch Eumeswil seine insulare Existenz der topographischen Raumordnung, der Begrenzung durch Meer, Wüste und
Wald[86], die den Schauplatz zum „abgeschlossenen Erzählgebiet"[87]
konzentriert. Diese Raumordnung repräsentiert aber zugleich die polare
Ordnung von Bedeutungsräumen, die die Situation von Eumeswil als
die eines utopischen Konstrukts bestimmen.

---

81 Eum, S.19.
82 Ebd., S.50.
83 Ebd.
84 Hervier 1996, S.98.
85 Realtopographisches Vorbild des Schauplatzes bildet die marokkanische Stadt Agadir
    im Sus-Delta. Das alte Agadir mit seiner Kasbah, einer Zitadelle über der Stadt, wurde
    1960 durch ein Erdbeben nahezu vollständig zerstört. Jünger bereiste Agadir u.a. im
    März/April 1974. Vgl. die Tagebucheintragungen dieses Zeitraumes in *Siebzig verweht
    II.* SW 5, S.166-179. Eintrag vom 3.4.1974: „Ich bin bei diesen Gängen [in und um
    Agadir] auch immer ganz woanders – als ob die Landschaft zugleich ein Plan wäre: in
    ‚Eumenesville'." (Jünger: SW 5, S. 174). Vgl. Holthusen 1984, S.914 sowie Rubel
    2000a, S.263f.
86 Vgl. Eum, S.50.
87 So Klaus Scherpe über Ransmayrs Moor. Scherpe 2002, S.165.

4.1 Konstellationen des Posthistoire

Der utopischen Unverortbarkeit einer „Trauminsel inmitten eines unzugänglichen Bereichs"[88], der räumlichen Inklusion, korrespondiert eine temporale Exklusion: Die historische Lage von Eumeswil, so wie sie Venator in seiner „fortlaufende[n] Meditation"[89] entfaltet, erscheint als Zustand einer zeitlichen Exterritorialität jenseits des Raumes der Geschichte. Entwicklungspotentiale und Utopien sind verbraucht; die Bewegung historischer Entwicklung ist in Eumeswil, „das seine politisch vitale und kulturell produktive Zeit seit langem hinter sich hat"[90], in eine Situation übergegangen, in der sich epigonale, autoritäre Herrschaftsformen in kurzen Zyklen gegenseitig austauschen:

„Seit langem lösen Soldaten und Demagogen einander ab."[91]

„Die Umstürze werden chronisch, allein sie verändern nichts mehr."[92]

Phasen der Stabilität werden unterbrochen durch plötzliche, diskontinuierliche Störungen; an die Stelle geschichtlicher Entwicklungslinien ist das Modell der Eruption getreten:

> „Innere Unruhen sind also kaum zu erwarten, obwohl sie jederzeit möglich sind. Sie treten dann überraschend, erdbebenartig ein. Seit langem sind die klassischen Revolutionen ersetzt durch Militärrevolten, die sich ablösen."[93]

In dieser statischen Konstellation eines posthistorischen Zustandes, in dem sich der „Katalog der Möglichkeiten [...] erschöpft"[94] und „der historische Stoff [...] in der Passion verzehrt"[95] hat, herrschen kulturelle Nivellierung und soziale Egalisierung.

---

88   Renner 1995, S.251.
89   Holthusen 1984, S.914.
90   Kiesel 1994, S.184.
91   Eum, S.105.
92   Ebd., S.107.
93   Ebd., S.115.
94   Ebd., S.80.
95   Ebd., S.55.

„Die großen Ideen, für die sich Millionen töten ließen, sind verbraucht. Die Unterschiede sind weithin geschwunden; Beschnittene und Unbeschnittene, Weiße, Gelbe und Neger, Reiche und Arme nehmen sich in ihren Qualitäten nicht mehr so ernst. Auf die Straße gehen sie höchstens, wenn die Kasse nicht mehr stimmt, oder im Karneval. Im großen und ganzen kann man hier tun und lassen, was man will."[96]

Eumeswil ordnet sich ein in den Horizont der Post-Histoire-Debatten vom ‚Ende der Geschichte'[97], die sich seit Ende der 50er Jahre, ausgehend von den Postmodernediskussionen in den Vereinigten Staaten[98], entfaltet haben.[99] Dieses Denken kreist, wie eingangs schon erwähnt, um einen Zustand des Danach:

> „[I]n ihm wird nicht nur einem charakterisierenden Element einer historischen Phase (wie Moderne, Revolution, Industrie etc.), sondern der Vorstellung von Geschichte selbst die Zukunft abgesprochen."[100]

Für beendet erklärt werden demnach die Perspektiven klassischer Geschichtsphilosophie, d.h. die Möglichkeit, Geschichte als „eine sinnhafte Gedankenkonstruktion über das Weltgeschehen im ganzen"[101] zu gestalten. Die Anschauung der historischen Zeit als Raum für einen universalen, sinnhaft strukturierten Prozess mit teleologischem Fluchtpunkt sei damit zu einem Ende gekommen.

---

96 Ebd., S.82. Vgl. ebd., S.108.
97 Vgl. Rubel 2000b, S.764f. Hier auch ein Überblick über die Rezeptionslage zu *Eumeswil* und Angabe weiterer Forschungsliteratur. Vgl. Kiesel 1994, S183.
98 Vgl. Welsch 1988, S.9ff, und Holthusen 1984, S.903-908. Am Beginn des Diskussionsstranges, der sich bis in die achtziger Jahre erstreckt, stehen Debatten der Literaturkritik, die, ausgehend vom konstatierten Bedeutungs- und Verbindlichkeitsverlust der mittlerweile klassisch gewordenen modernen Avantgarden, eine Öffnung der Literatur zur Massenkultur und eine Erweiterung des elitären Hermetismus moderner Texte propagieren. Einschlägig ist in diesem Kontext der Aufsatz von Leslie A. Fiedler: Cross the border, close the gap! Vgl. Welsch 1988, S.57-74.
99 Eine strenge Unterscheidung zwischen ‚Postmoderne' und ‚Posthistoire' ist kaum möglich: Während der erste Begriff in einem weiten Sinne eher spielerisch vielfältige Momente einer veränderten Einstellung zum Erbe der Moderne in verschiedenen Disziplinen thematisiert, bezieht sich der zweite in einem engeren Sinne auf geschichtliches Denken.
100 Niethammer 1989, S.17.
101 Ebd., S.157.

In die deutsche Diskussion hat Arnold Gehlen den Begriff des Post-histoire aus der Perspektive der Soziologie eingeführt.[102] Gehlen konstatiert für die Gegenwart das Ende der Epoche der großen Ideologie- und Ideensysteme, die noch mit dem Anspruch auftraten, in einer umfassend universalen und synthetischen Erkenntnisleistung eine Gesamtwirklichkeit theoretisch erfassen und im eigenen System reformulieren zu können. Jene „Gesamtauslegungen des Lebens"[103], die als wissenschaftliche Weltanschauungen ihren paradigmatischen Ausdruck im Marxismus gefunden haben, waren stets, so Gehlen, konnotiert mit ethischen und missionarischen Forderungen, mit dem Anspruch geistiger Erneuerung und Neuorganisation der Gesellschaft. Diese „große Schlüsselattitüde"[104] philosophisch übersteigerter und weltanschaulich ausgespannter Einzelwissenschaften, d.h. die Vorstellung, „aus einer Gesamtschau heraus eine Weltinterpretation und darin eine einleuchtende Handlungsanweisung geben"[105] zu können, ist für Gehlen Anfang der 60er Jahre bereits historisch geworden. Den Grund für diesen Befund sieht Gehlen in der weit fortgeschrittenen Ausdifferenzierung der Wissenschaften selbst:

> „Jede seriöse Wissenschaft ist so weit in ein Geäst von Einzelfrage-stellungen auseinandergegangen, daß sie sich gegen die Zumutung einer Allkompetenz aufs entschiedenste wehren würde, sie hätte dann nämlich überhaupt keine Sprache mehr."[106]

Spezialisierungsprozesse, Aufsplitterung und Vervielfältigung der Sach-gebiete sowie fortgeschrittene Abstraktionsleistungen führen nicht nur in der Wissenschaft, sondern in allen gesellschaftlichen Bereichen zur Herausbildung von Expertentum mit eigenem Begriffsinstrumentarium und spezifischem Zuständigkeitsbereich. Im Bereich der Theorie ist daher eine Synthese der ausdifferenzierten Teilgebiete unerreichbar geworden, „ein zusammenhängendes Weltbild [lässt sich] aus den Wissenschaften heraus nicht mehr erstellen [...]."[107]

---

102 Vgl. Holthusen 1984, S.916. Vgl. Niethammer 1989, S.21f. Vgl. Kamper 1990, S.85.
103 Gehlen 1963, S.135.
104 Ebd.
105 Ebd., S.134.
106 Ebd., S.137.
107 Gehlen 1963, S.139.

Der Zusammenhang der Teilgebiete kann nur noch als funktionaler im Rahmen gesamtgesellschaftlicher Praxis beschrieben werden: Wissenschaft und Technik, Medizin, Jurisprudenz und Kunst, alle Teilbereiche „arbeiten eingegossen in die Superstruktur des gesellschaftlichen Zusammenhangs."[108] Utopische Potentiale und Ideen einer fundamental anderen, alternativen Weltverfassung werden im Zustand systemfunktionaler Integration vollständig absorbiert:

> „An keiner Stelle aber begegnet man heute innerhalb dieses Gesamtsystems [...] jener großen geistigen Hoffnung, jener überspannten und enttäuschungsreichen, aber doch begeisternden und belebenden Erwartung neuer Räume, die sich nun endlich aufschließen und uns staunend einlassen würden, wie sie in den ideologischen Ansprüchen des vorigen Jahrhunderts noch lag."[109]

Entwicklung und Fortschritt sind nur noch denkbar als Variationen im abgesteckten Rahmen vorhandener, entfalteter Leitvorstellungen, als Oszillation im implementierten Koordinatensystem – sie führen nicht mehr darüber hinaus, weil im konstatierten Zustand „kulturelle[r] Kristallisation"[110] die in den kulturellen Gebieten „angelegten Möglichkeiten in ihren grundsätzlichen Beständen alle entwickelt sind."[111] Gehlen beschreibt einen nachgeschichtlichen Zustand nach der „Epoche der großen diesseitigen Gestaltungsideologien"[112], in dem Wissenschaft nur noch im Sinne von Organisation und Funktionalisierung an der Ausgestaltung des einmal Erreichten arbeitet.

---

108 Ebd.
109 Ebd.
110 Ebd., S.140.
111 Ebd. Gehlens Analyse steht sicher auch unter dem Eindruck der politischen Erstarrung in Zeiten der Blockkonfrontation des Kalten Krieges, die Ursprünge seiner Kristallisations-Thesen reichen aber bis in die 40er Jahre zurück (Vgl. Niethammer 1989, S.21). Grundsätzlich wird die Gültigkeit der Posthistoire-Diagnose für beide politische Systeme beansprucht. Sowohl die östlichen als auch die westlichen Systeme sind für Gehlen als Spielarten einer „industriell-technisch-szientifischen Kultur" (Gehlen 1963, S.140) erfassbar und unterliegen demselben kristallisierenden Ausdifferenzierungs-Modell, in dem sich lediglich die vorhandenen Anlagen durch Institutionalisierung unterschiedlich entfaltet haben. Vgl. ebd. S. 140 und S.142.
112 Gehlen 1963, S.142.

„Ich exponiere mich also mit der Voraussage, daß die Ideengeschichte abgeschlossen ist und daß wir im Posthistoire angekommen sind [...]."[113] Jüngers Historiker Venator diagnostiziert eine ähnliche posthistorische Konstellation:

> „Es gibt eine Querschnittslähmung, die den Nerv der Geschichte durchtrennt. Mit ihr erlischt die Tradition. Die Taten der Väter können nur noch im Schauspiel oder in der Tragödie fortleben, nicht aber in der Aktion."[114]

In Jüngers Version des Posthistoire fließen unterschiedliche diskursive Ebenen ineinander, die mit spezifischen Bild- und Metaphernarsenalen aufbereitet werden. Martin Venators „geologische Ortungen von Eumeswil: fellachoide Versumpfung auf alexandrinischer Grundlage"[115] verweisen sowohl auf die zivilisationskritischen Theorien Oswald Spenglers als auch auf den Historismus in Gestalt des Historikers Johann Gustav Droysen (1808-1884), dessen klassische Darstellung des Hellenismus als Bezugsfeld großer Teile des Romans bemüht wird.[116]

In *Eumeswil* bilden nicht die Weltanschauungsfronten der Moderne und deren Delegitimation den Anknüpfungspunkt des Theorems von Nachgeschichtlichkeit, sondern die – gemessen am klassischen Griechenland – späte Epoche der Diadochenkriege, die sich in der Folge des Zerfalls des Alexandrinischen Großreiches in den Jahren 323-280 v.Chr. ereignet haben. Unter dem Namenspatronat des Diadochen Eumenes von Kardia (362-316 v.Chr.), eines Beteiligten der Nachfolgekämpfe um das Erbe Alexanders des Großen und damit Repräsentant der epochalen Auflösungsprozesse, in denen die Einheit des Reiches zerfiel, zeugt Jüngers Eumeswil vom historischen Stadium der Zersetzung einstiger Größe und Einheit.

---

113 Ebd., S.141.
114 Eum, S.161.
115 Eum, S.34f.
116 „Die Lektüre des Droysenschen Hauptwerks *Geschichte des Hellenismus* wird in Jüngers Tagebuch unter dem 9. August 1974 gemeldet [...]." (Holthusen 1984, S.914). Ein „enges *intertextuelles* Verhältnis" zwischen der *Geschichte des Hellenismus* und *Eumeswil* stellt fest: Villwock 1997, S.138.

„Die Parallelität zur nachalexanderschen Zeit, auf die der Stadtname an-
spielt, besteht darin, daß die Siedlung – als ‚fellachoide Versumpfung auf
alexandrinischer Grundlage' – eine Spätphase des Verfalls erreicht hat."[117]

Jüngers Imagination eines nachhistorischen Zeitalters folgt den Deu-
tungen, die Droysen für den Hellenismus formuliert hat; wenn Eumeswil als leer laufende Nachgeschichte einer als abgeschlossen verstan-
denen Epoche erscheint,

> „so soll das zwar unmittelbar ein Bild von der Lage in Eumeswil vermit-
> teln, es spiegelt aber ebenso auch die hellenistischen Verhältnisse, wie sie
> sich in Droysens Optik darbieten"[118]: „Der Weltstaat ist in seine Teile zer-
> brochen […]. Es blieben Diadochenreiche und epigonale Stadtstaaten."[119]

Die kulturpessimistische Zyklentheorie Oswald Spenglers bildet einen
weiteren Bezugspunkt Jüngerscher Posthistoire-Reflexionen[120]. In dessen
Kulturmorphologie dient die Kategorie des ‚Fellachentums' der Charak-
terisierung eines postkulturellen Entwicklungsstadiums der Völker:
„Was einer Kultur folgt, nenne ich *Fellachenvölker* nach ihrem
berühmtesten Beispiel, den Ägyptern seit der Römerzeit."[121]
Fellachenvölker sind für Spengler Exponate posthistorischer Verfallsprozesse, die als Spätphase der zyklischen Gestalt von Aufstieg und
Niedergang vorgestellt werden, welche der weltgeschichtlichen Entwicklung tiefenstrukturell zugrunde liegt. Spengler tritt mit dem Anspruch
auf, eine universale „Formensprache der menschlichen Geschichte, ihre
periodische Struktur, ihre *organische* Logik aus der Fülle aller sinnfälligen
Einzelheiten"[122] entwickeln und freilegen zu können. Seine Geschichtstheorie ist auf ein Modell gegründet, das kulturelle Entwicklung
universal als präformierten Durchlauf bestimmter Phasen vom Aufschwung bis zum Verfall beschreibt.

---

117 Hinck 1983, S.95.
118 Villwock 1997, S.138.
119 Eum, S.426. So bestimmt Venators Lehrer Vigo die Situation von Eumeswil.
120 Eine weitergehende Auseinandersetzung mit Spenglers opus magnum *Der Untergang
     des Abendlandes* von 1923 findet sich in Jüngers Essay *An der Zeitmauer* von 1959.
121 Spengler 1995, S.760.
122 Spengler 1995, S.35. Hervorh. i. Orig.

„Der Gang durch diese Phasen selbst ist irreversibel, ein determinierter gerichteter Prozeß."[123]
Diese zyklische Entwicklung gilt für alle Hochkulturen der Menschheitsgeschichte, wobei insgesamt keine Höherentwicklung erkennbar wird:

> „Jede dieser Kulturen entwickelt sich unabhängig von den anderen, einem jeweiligen inneren Prinzip folgend, welches in sämtlichen Konsequenzen ausgefaltet wird. Zugleich ist jedoch der formelle Verlauf der Lebensgeschichte einer solchen Kultur vorbestimmt. [...] Zwischen den Kulturen findet jedoch kein solcher Prozeß statt."[124]

Während „[h]istorische Völker, Völker, deren Dasein *Weltgeschichte* ist"[125], als Nationen Produkt eines kulturellen Stilwillens sind, während ihnen eine *„Idee zugrunde"*[126] liegt, die zum Antriebsmoment ihrer historischen Entfaltung und epochalen Prägung wird, ist in Fellachenvölkern diese formbildende Substanz bereits verglüht, wodurch sie gleichsam zu Spielbällen der Weltgeschichte werden:

> „Fellachenvölker dagegen sind starre Objekte einer von außen kommenden Bewegung, die ohne Sinn und in zufälligen Stößen sich an ihnen übt."[127]

In ähnlich desolater Verfassung befindet sich auch Jüngers Eumeswil als politisch, kulturell und historisch bedeutungsloser Ort, an dem ein Formideal nicht mehr erkennbar ist:

> „Der Mangel an Ideen oder, einfacher gesagt, an Göttern ruft eine unerklärliche Mißstimmung hervor, fast wie ein Nebel, den die Sonne nicht durchdringt. Die Welt wird farblos; das Wort verliert an Substanz [...]."[128]

---

123 Sieferle 1991, S.146.
124 Ebd.
125 Spengler 1995, S.762. Hervorh. i. Orig.
126 Ebd., S.761. Hervorh. i. Orig.
127 Ebd., S.1005f.
128 Eum, S.77.

Als paradigmatischer Schauplatz einer nachhistorischen und spätzivili-satorischen Situation erscheint Eumeswil als Endprodukt der Spengler-schen Zyklentheorie, finaler Zustand nach einer Zeit der Metropolen, deren Erscheinungsbild für Spengler bereits das Überschreiten eines Zenits kultureller Entfaltung indiziert. Denn Spengler beschreibt die äußerste zivilisatorische Verdichtung im Raum der Weltstädte der Hochkulturen (und damit auch die urbane Kultur der Moderne, die europäische Metropole des 19. und 20. Jahrhunderts) als Moloch, als überquellende „formlose Masse"[129], in dem die Existenzformen der modernen Zivilisation bereits vom bevorstehenden, in der zyklischen Ordnung fundierten, kulturellen Niedergang künden.

„Der Steinkoloß ‚Weltstadt' steht am Ende des Lebenslaufes einer jeden großen Kultur."[130]

Die Großstadt wird zum Inbegriff existentieller, kultureller und geistiger Entwurzelung. Im Zweckrationalismus der Formen herrscht mathema-tische, geometrische Abstraktion; die Weltstadt wuchert entweder in die Breite oder verdichtet ihr Zentrum, sie wird zur Stadt der Massen, in ihr herrscht „grauenvolles Elend, eine Verwilderung aller Lebensgewohn-heiten [...]."[131] Ihre Attraktion ist dämonisch, ihre Bewohner sind „geistige Nomade[n]"[132], die im Zustand ewig fiebernden Wachseins gefangen sind im Kreislauf zwischen intellektueller Spannung und dem Zerstreuungsbetrieb der urbanen Kultur – „Kino, Expressionismus, Theosophie, Boxkämpfe, Niggertänze, Poker und Rennwetten"[133]. In der zivilisatorisch-rationalistischen Betriebsamkeit eines neuen Nomaden-tums vergeht die essentiell-mythische, chthonische Verbundenheit mit *„ewigem* Land und *ewigem* Blute"[134], die für Spengler, als Inbegriff der Sesshaftigkeit, den Ursprung eines jeden kulturellen Aufschwungs bildet.

Auch Spengler entziffert die topographische Ordnung der Metropole. Die „Umbauten und Durchbrüche"[135] im Antlitz der Stadt sind ihm aber nicht (wie die Passagen für Benjamin) verkapselte Innenräume, in denen

129 Spengler 1995, S.674.
130 Spengler 1995, S.673.
131 Ebd., S.676.
132 Ebd., S.677.
133 Ebd., S.678.
134 Ebd., S.679. Hervorh. i. Orig.
135 Ebd., S.674.

sich die Moderne als Traumverfassung vorbereitet, sondern, in kultur-pessimistischer Perspektive, Indizien der Überhandnahme einer über-wachen theoretischen Planungskultur, die als Niedergang, als Loslösung von lebendigen, im Lokalen verwurzelten Ursprüngen gedeutet wird.[136] Die Dimension von Spenglers Deutungsansprüchen wird schon in der Perspektive seiner topographischen Lektüre deutlich, für die der Blick des Flaneurs nicht mehr hinreicht. Erst im teichoskopischen Überblick werden die räumlich manifesten Zeitstrukturen als Signaturen von Epochenzyklen lesbar, die letztlich über den Bereich des Sichtbaren hinausweisen:

> „Wer vom Turm aus auf das Häusermeer herabsieht, erkennt in dieser steingewordenen Geschichte eines Wesens genau die Epoche, wo das organische Wachstum endet und die anorganische und deshalb unbegrenzte, alle Horizonte überschreitende Häufung beginnt."[137]

Mit der „versteinerten Stadt"[138] wird der Übergang von einer ländlich-organischen Existenzform im Rhythmus des „kosmischen Taktes"[139] zur spätzivilisatorischen anorganischen Erstarrung des Daseins sinnfällig. „Wurzellos, dem Kosmischen abgestorben und ohne Widerruf dem Stein und dem Geiste verfallen"[140]: so entwickelt sich ein Zivilisationsstil, der in der Entbindung von organischer Substanz und lebendigem Ursprung kristallisiert und fortan „überall zu Hause ist und [...] einer unbe-grenzten Verbreitung anheimfällt."[141]

Extensive Gleichförmigkeit und Strahlkraft statt Verwurzelung und Entwicklung, anorganische Zerstreuung des erstarrten Materials statt organischem Wachstum des lebendigen Stammes – so zeugt eine ausge-laugte Zivilisationsnachkultur von ihrem eigenen Niedergang.

---

136 Spengler mobilisiert klassische Topoi des Stadtdiskurses, indem er die organisch gewachsene Stadt positiv konnotiert und der anorganischen, geplanten Gitterstadt gegenüberstellt, deren „schachbrettartige Form [...] das Symbol der Seelenlosigkeit" (Spengler 1995, S.674) bildet. Diese dichotomischen Zuschreibungen sind zur Pathos-formel geronnen und beispielsweise im Diskurs der Stadtplanung bis in die 80er Jahre des 20. Jh. zu beobachten. Vgl. Weigel 2004, S.248-256.
137 Spengler 1995, S.674.
138 Spengler 1995, S.677.
139 Ebd.
140 Ebd., S.684.
141 Ebd.

Die Metropolen prägten zwar ihre Epoche, aber sie färbten sie nur noch mit blassen Farben und überzogen sie mit flüchtigen Zitaten. In der Dispersion des endgültig Gewordenen geht für Spengler die Substanz verloren. Die Überhandnahme einer rein geistigen urbanen Kultur und die Ablösung vom kosmischen Körpergrund führt in der Logik von Spenglers Zyklentheorie letztlich zum Rückgang der biologischen Reproduktionsraten:

> „Und nun geht aus der Tatsache, daß das Dasein immer wurzelloser, das Wachsein immer angespannter wird, endlich jene Erscheinung hervor, die im stillen längst vorbereitet war und jetzt plötzlich in das helle Licht der Geschichte rückt, um dem ganzen Schauspiel ein Ende zu bereiten: *die Unfruchtbarkeit des zivilisierten Menschen.*"[142]

Am Ende dieser Niedergangsentwicklung stehen die „verödeten Provinzstädte, in deren Steinmassen eine kleine Fellachenbevölkerung"[143] haust und in denen wie in Eumeswil Spenglers Diktum gilt: „Um Ideen kämpft man nicht mehr."[144] Herrschaftsstrukturen sind provisorisch und brüchig geworden und unterliegen lokaler Begrenzung. In den postmodernen Utopien Jüngers und Ransmayrs sind Sesshaftigkeit und mit ihr kulturelle und zivilisatorische Errungenschaften endgültig erodiert. In Form marodierender Banden kehren im Zeitalter der Nachzivilisation archaische Nomaden wieder[145], während die Überreste einer technisierten Massengesellschaft vergehen. Mit der Wiederkehr des Nomadischen knüpfen die postmodernen Texte dennoch an Konstellationen der Moderne an. Galt dem frühen 20. Jahrhundert, in der Kontinuität tradierter Denkformen, das Nomadische noch als Gegenbild zur urbanen Kultur, als Inbegriff der Bedrohung durch kriegerische Gewalt, hervorgerufen durch fremde Kräfte jenseits territorialer Zugehörigkeit und sozialer Stratifikation, als Projektionsfläche für das Andere, so hat die fundamentale Destruktions- und Krisenerfahrung des Ersten Weltkriegs und die damit einhergehende „skeptische Einstellung

142 Ebd., S.678f. Hervorh. i. Orig.
143 Ebd., S.683.
144 Ebd., S.686.
145 Vgl. Eum, S.168. Vgl. MK, z.B. S.52-54.

gegenüber der urbanen Zivilisation"[146] eine neue, positive Konnotation des Nomadischen möglich gemacht:

> „Ein modernes Bedürfnis nach Befreiung von repressiver Ordnung und zivilisatorischen Zwängen konnte im Nomadischen das Muster einer Lebensform der Bindungslosigkeit und des unbegrenzten Schweifens im physischen wie im mentalen Raum entdecken."[147]

Neben den Kulturpessimismus Spenglerscher Prägung und dessen ‚intellektuellen Nomaden', der als „Produkt der absoluten Bindungslosigkeit in einer zum Untergang verurteilten technischen Zivilisation der Welt als Stadt"[148] gedeutet wird, tritt damit eine Denkfigur, die moderne Erfahrungserweiterung, Emanzipation und geistige Transgression als räumliche Bewegung abbildet. Nomadisches Denken birgt aber zugleich das Moment der Zerstreuung gewohnter Erfahrung, der Lockerung und Dispersion tradierter Ordnungsmuster und der Entwertung geschichtlicher Erfahrung:

> „Das Außergeschichtliche am Nomadentum entspricht der Tendenz zum Ende der Geschichte in der Moderne. Wie sich im nomadisch ungegliederten Raum keine Erfahrungen machen lassen, die zu Geschichten und Geschichte werden, so schwindet [...] auch in der Gegenwart dieser Raum als Bedingung der Möglichkeit geschichtlicher Erfahrung. Im Freiheitsmoment des Nomadischen zeigt sich eine Tendenz zur postmodernen Überwindung der Moderne."[149]

Damit ist der Rahmen abgesteckt, in dem sich Jüngers Text zwischen postmoderner Nomadologie und spätzeitlichem Kulturpessimismus bewegt.

Form-, Einheits- und Substanzverlust, „Verdünnung"[150] in der Vielfalt der Kulturen, „Vernichtung der Eliten und Egalisierung des Demos zur Masse"[151] sowie „Überdruß an der stupiden Wiederholung des

---

146 Hüppauf 1999, S.1594.
147 Ebd., S.1596.
148 Ebd.
149 Ebd., S.1601.
150 Eum, S.108.
151 Ebd., S.107.

Geschehens"[152]: Jünger bedient in seiner Imagination von Eumeswil ein ganzes Repertoire von Stereotypen des klassisch kulturkonservativen Denkens. Aber die doppelte Bezugnahme auf den Historismus des 19. und den Kulturpessimismus des frühen 20. Jahrhunderts erschöpft sich nicht in einer bloß rezeptiven Nachstellung. Jünger löst vielmehr einzelne Szenarien und Stadien aus der kulturgeschichtlichen Überlieferung und Theoriebildung heraus und verleibt sie als Zitat seiner Literatur ein. Seine Imagination einer Topographie, die weder räumlich noch zeitlich in einem Kontinuum zur überlieferten Historie verortet werden kann, beruht auf einer Technik der Fragmentierung, die die zertrümmerten Gegenstände der Geschichte und der diskursiven Ordnungsmuster als Bausteine einer nachgeschichtlichen Welt nutzt. Im Stile einer „Literarisierung von Historiographie"[153] konstruiert Jünger aus den Fragmenten der Tradition einen nachgeschichtlichen Beobachtungspunkt, von dem aus jenseits diskursiver Ordnung des Geschichtsmaterials eine „Deutung in zweiter Reflexion" unternommen wird, „für die der Diadoche Eumenes zur Metapher des Historikers selbst wird."[154]

> „An Droysens Darstellung schließt sich das insofern an, als Eumenes hier als Mann erscheint, der zur Zukunft sich rückblickend verhält oder, anders ausgedrückt, der die Zukunft im Rückblick sucht. Er fällt dem Vergangenen gerade in dem Bemühen anheim, es der Gegenwart zu assimilieren."[155]

Die wechselseitige Überblendung von Gegenwart und Vergangenheit wird zum Paradigma des Textes, das nicht nur die Konstruktion des Schauplatzes bestimmt, sondern auch die Anlage der Figuren. Martin Venator, erkenntnistheoretischer Wiedergänger des Diadochen, erprobt an der Schnittstelle von Vergangenheit und Gegenwart eine Perspektive, die nach Kongruenzmustern in der Tiefe des zeitlichen Raumes sucht. Denn die Nachgeschichte bleibt mit jeder Faser dem geschichtlichen Raum verhaftet, sie speist sich aus den Arsenalen seiner Motive, Bilder und Szenen, die nunmehr in einen Zustand universeller Verfügbarkeit

---

152 Ebd., S.138.
153 Villwock 1997, S.140.
154 Ebd.
155 Ebd.

überführt worden sind. Die Gegenwart der Nachgeschichte *ist* gewissermaßen transformiertes geschichtliches Material, verblasene historische Substanz, die jenseits einer zeitlichen Indizierung zum Gegenstand unausgesetzter rekonstruktiver Annäherungs- und Bestimmungsversuche wird, in denen die Erkenntnis von Gegenwart und Vergangenheit sich wechselseitig überlagert. Jüngers Posthistoire überspannt das „Trümmerfeld"[156] eines geschichtlichen Raumes, aus dem die Zeit gewichen ist und in dem die Gegenstände nunmehr in räumliche Relationen treten.

„Der soziale Körper gleicht einem Pilger, der, von der Wanderung erschöpft, sich zur Ruhe begibt. Nun können Bilder eintreten."[157]

Die nachhistorische Situation von Eumeswil setzt schier unbegrenzte Möglichkeiten der Konstruktion historiographischer Konstellationen frei. Historiker und Posthistoire sind in Jüngers Text strukturell aufeinander bezogen; Eumeswil bezeichnet einen Zustand, in dem jenseits diskursiver oder ideologischer Bindungen frei über das in die Gegenwart eingewanderte geschichtliche Material verfügt werden kann.

> „Eumeswil ist für den Historiker besonders günstig, weil keine Werte mehr lebendig sind. [...] Die Ideen sind unglaubwürdig geworden und befremdlich die Opfer, die für sie gebracht wurden.
>
> Andererseits sind die Bilder schärfer zu erkennen, kein Wunschtraum lenkt von ihnen ab."[158]

---

156 Eum, S.21.
157 Ebd., S.66.
158 Eum, S.54f.

4.2 Raumordnungen I: Stadt und Kasbah

An der äußeren Erscheinungsform des nachhistorischen Eumeswil
finden sich keinerlei signifikante Merkmale einer zukünftigen Epoche.
Jüngers Zukunftsutopie verweist vielmehr zurück in einen Zustand der
Vormoderne, in dem das Waidwerk betrieben wird wie in der frühen
Neuzeit und in dem die Menschen denselben archaischen Berufen[159]
nachgehen wie in frühen Zeiten der Menschheitsgeschichte. Der Burg-
berg mit der Kasbah, der alte Hafen, die Dachkammer am Meer in einem
Haus, „das früher einen Teil der Bastion bildete"[160]: Jüngers postmoderne Topographie evoziert ein beschauliches Gegenbild zur atemlosen
Betriebsamkeit der schier endlos wuchernden und wogenden Großstadt
der Moderne. An die Stelle einer chaotisch entfesselten Unübersicht-
lichkeit und Dynamik tritt hier das Bild eines statisch-zeitlosen, allegorischen Raumes, einer Ordnung aus elementaren Formen, in denen die
Zeit ebenso langsam sedimentiert ist wie in den „vom Meersalz inkrus-
tiert[en]"[161] Wänden von Venators Mansarde, scheinbar ohne jemals von
den Akzelerationsprozessen der Moderne betroffen gewesen zu sein.
Im Blick Martin Venators hat sich der Ort zu einem neutralen, spätzeitlichen Raum derealisierter Eigenschaftslosigkeit entleert, der einer Art
Modellanordnung gleicht. Geschichtliche Veränderungsprozesse bleiben
gegenüber der elementaren Substanz der steinernen Kulissen völlig
kontingent:
„Die Anschläge wechseln, doch die Mauer bleibt, an die sie geklebt
werden."[162]
Jüngers *Eumeswil* setzt das Lektüre-Paradigma der modernen Metropole,
in dem Topographie als temporalisierter Schrift-Raum erscheint und
durch „Verräumlichung historischer Transformationen [...] Geschichte
lesbar"[163] wird, außer Kurs. In der postmodernen Polis sind die Überreste und Spuren der Vergangenheit in die Peripherie abgewandert. Die
Stadtanlage selbst zerfällt in eine Reihe von Schauplätzen, deren
Verknüpfung nicht durch ein flanierendes Schweifen im Stadtraum

---

159 Vgl. Ebd., S.369.
160 Eum, S.56.
161 Ebd.
162 Ebd., S.137.
163 Weigel 1990, S.201.

organisiert wird, sondern durch diskontinuierliche Sprünge in Venators Reflexionen, die immer wieder an verschiedenen Orten kristallisieren. Sein Bericht pendelt unablässig zwischen den wenigen Schauplätzen, an denen sich die marginale Handlung abspielt. Neben dem Flussdelta, den Inseln und dem Wald ist es vor allem die Polarität von Stadt und Herrschersitz, die die topographische Ordnung prägt und zugleich dem Text mitsamt seinen mäandrierenden Verzweigungen, seinen Einschlüssen und thematischen Variationen ein topographisches Rückgrat einzieht, indem die Punkte benannt werden, von denen aus sich Venators nomadische Wanderungen durch den Geschichtsraum entspinnen. Als Sinnbild einer Herrschaftsordnung weist die Anlage von Stadt und Kasbah über die Realtopographie hinaus:

> „Dieses Verhältnis von Stadt und Festung findet sich an vielen Orten wieder; es ist nicht nur für die Tyrannis das bequemste, sondern für jedes persönliche Regiment."[164]

Wie ein Urbild erscheint hinter der Burgfeste im historischen Horizont das Bild der uneinnehmbaren Bastion des Eumenes:

> „Für den Notfall existiert eine Anlage zum Entsalzen des Seewassers. In dieser Hinsicht können wir die Kasbah so lange halten wie Eumenes seine Felsenburg Nora, ,die Hunger allein zur Übergabe zwingen konnte', wie ein Historiker sagt."[165]

Als „ein Traum, ein Spiel, ein Experiment"[166] wird Eumeswil zum multiplen Schauplatz eines szenischen Agierens, das sich in einer irrealen Dämmerung entrollt und nur noch als epigonale Simulation, als historisches „Nachleuchten"[167] gedeutet wird. Der artifizielle Charakter der Anlage und der fundamentale Verlust von Orientierungsmarken wird

---

164 Eum, S.10f.
165 Ebd., S.242. Dieser Historiker ist Droysen, den Jünger nicht ganz korrekt zitiert. Vgl. Pekar 1999, S.201. Thomas Pekar entwirft, ausgehend von den Bezügen zu Eumenes in Jüngers Text, ein Modell der schattenhaften Anwesenheit Alexanders des Großen, von dem aus die historische Situation von Eumeswil als Übergangsfigur zwischen Geschichte und Posthistoire bestimmt wird. Vgl. ebd., S.199-208.
166 Eum, S.112.
167 Ebd., S.35.

leitmotivisch ins Bild der „schiefen Ebene"[168] gehoben: Während „die Relationen im einzelnen ungestört"[169] bleiben, ist die Gesamtsituation aus dem Lot geraten und gleicht einem Spiel „auf schrägen Schachbrettern."[170] Der Historiker vermag sich in beiden Dimensionen zu bewegen: Erscheint er einerseits „rechtwinklig ausgerichtet"[171] und „äquilibriert"[172], verschwindet er also einerseits in der Geometrie der bestehenden Ordnung, so erfasst er andererseits deren Schlagseite gegenüber einem Horizont, dessen Physiognomie die Geschichte selbst bildet. Denn erst in der Retrospektive wird ein Hintergrund gewonnen, der eine Bestimmung der Szenerien einer farblosen Gegenwart möglich macht. Erst durch eine Doppelperspektive, die die Historie als Vergleichsformation mobilisiert und als kolorierenden Hintergrund zu erfassen vermag, gewinnt die Gegenwart an Kontur.

Im Spiegel der Vergangenheit sieht der Historiker

> „die Gegenwart sogar stärker --- wie einer, der vom Teppich aufblickt, auf dem er sein Gebet verrichtete. Die Kette wird durch die Jahrhunderte geliefert, der Einschuß durch den Tag. Das schafft Entfernung für die Nähe; Personen und Fakten gewinnen Hintergrund."[173]

Vergangenheit und Gegenwart kreuzen sich im Blick des Historikers wie Kette und Einschuss, d.h. wie die in Längs- und Querrichtung verlaufenden Fäden eines Gewebes. Erst die Verknüpfung der beiden Koordinaten von historischer Kontinuität und gegenwärtigem Augenblick erschafft eine stabile Textur, in der Vergangenheit und Jetztzeit wechselseitig lesbar werden, eingebunden in ein Spannungsgefüge zwischen Historisierung der Gegenwart und Vergegenwärtigung der Vergangenheit. Zugleich verweist das Bild des Teppichs auf eine wahrnehmungsperspektivische Dialektik von Nähe und Ferne: Während im Blick auf das Detail die Vielzahl der Verknüpfungen im synchronen Querschnitt erscheint, wobei das Moment einer kontinuierlich-diachronen und linear-textuellen Entfaltung im Gewebe erhalten bleibt, verweist der

---

168 Ebd., S.111. Vgl. außerdem S.114, 116, 147 und 369.
169 Ebd., S.111.
170 Ebd., S.105.
171 Ebd., S.43.
172 Ebd.
173 Eum, S.106.

Blick auf das Ganze des Teppichs auf eine emergente Formierung der Fadenstränge zur bildlichen Konstellation. Dieser dialektische Umschlag der Wahrnehmung zweier Zeitebenen in eine synthetische Überblendung, die die Korrespondenzen von ferner Vergangenheit und naher Gegenwart nicht nur punktuell, sondern bildlich vereinigt, wiederholt sich in der Arbeit des Historikers, wenn die unmittelbare Nähe der Eumeswilschen Gegenwart in den vermeintlich fernen Horizont vergangener Szenerien einrückt. Wird eine Erkennbarkeit der Gegenwart erst im Blick zurück erschlossen, so kann andererseits Vergangenes erst im Bewusstsein des gegenwärtigen Blickpunktes erkannt werden. Die historische Transparenz des spätzeitlichen Eumeswil und seiner Szenerien macht den Ort gewissermaßen zum historiographischen Dispositiv:

„Andererseits sind die Bilder schärfer zu erkennen, kein Wunschtraum lenkt von ihnen ab. Wenn etwa der Condor eine Existenz durchspielte, die zwischen der des aufgeklärten Despoten und der des Tyrannen schwankte, so schlösse er damit den Blick in ferne Vergangenheiten auf. Ich solle, so meinte Vigo, das aus der Nähe als Experiment betrachten und den Akzent verschieben: indem ich hinter der Bar stünde, wäre ich der Wirklichkeit näher als jener, der sie, gerade weil er sie ernst nimmt, simuliert."[174]

Gleicht die artifizielle Situation von Eumeswil ohnehin einer spielerischen Experimentalanordnung, so wird diese Konstellation in Venators Beobachtungen und Abhörungen der Herrscherclique nochmals potenziert durch „unmittelbare Einsicht in die Methodik am praktischen Modell."[175] Die Logik der Überblendung verschiedener Perspektiven findet ihr Pendant in der topologischen Ordnung von Eumeswil: Martin Venators Annäherung ans politische Zentrum der Stadt, sein Eindringen in die Nachtbar der Herrscherclique, erscheint zugleich als Aufschwung auf den Pagos, der die Kasbah trägt. Dem Blick nach innen in den Kernbereich entspricht damit ein Panoramablick nach außen in den erweiterten Horizont. Erst in dieser gegenstrebigen Fügung des Blicks erschließen sich die anderen Räume der Vergangenheit. Venators Versuche, die

---

174 Ebd., S.55.
175 Ebd., S.54.

„Kondition des Condors"[176], d.h. die Logik des Herrschaftssystems zu erfassen, eröffnen mitunter ganze Serien von Korrespondenzebenen, die aus der Historie in eine imaginäre Topographie der Gleichzeitigkeit projiziert werden:

> „[G]riechische und insbesondere sizilianische Städte, kleinasiatische Satrapien, spätrömische und byzantinische Cäsaren, Stadtstaaten der Renaissance, darunter, immer wieder, auch in Vigos Auftrag, Florenz und Venedig, dann die sehr kurzen und blutigen Aufstände des Ochlos, Nächte der Beile und langen Messer, endlich die ausgedehnten Diktaturen des Proletariats mit ihren Hintergründen und Schattierungen."[177]

Der Herrschersitz, die Kasbah, wird eingebettet in eine maritime und nautische Terminologie: Venator ist „Nachtsteward"[178] in einer Lokalität, deren „Tageskarte reichhaltig wie auf guten Passagierschiffen"[179] ist, der Blick aus der Kuppel der Kasbah, die einer „Kommandobrücke"[180] gleicht, geht hinaus auf die See[181] und der Condor selbst erscheint als Kapitän:

„In der Kasbah scheint er sich wie auf einem Schiff zu fühlen, mit dem er für eine Weile die Zeit durchfährt."[182]

Jüngers Text verwandelt das elementare Medium in ein Reservoir von Geschichtlichkeit. Sein Bild verräumlicht die Zeit nicht nur, sondern materialisiert sie zu einem widerständigen Medium, das einer zyklischen, eigendynamischen Ordnung unterliegt und in das selbst historische Großformationen eingerückt werden: Der „Leviathan" wird „als Kadaver von den Gezeiten angeschwemmt."[183] In diesem Bild verdichtet sich auch Jüngers Fortschrittsskeptizismus. Weil nach Benjamin „[d]ie Vorstellung eines Fortschritts des Menschengeschlechts in der Geschichte [...] von der Vorstellung ihres eine homogene und leere Zeit

---

176 Eum, S.105.
177 Ebd., S.105f. Vgl. auch S.107f.
178 Ebd., S.9.
179 Ebd., S.245.
180 Ebd., S.50.
181 Vgl. Eum, S.12.
182 Eum, S.49.
183 Ebd., S.208. Ähnliche Bilder nutzt Vigo: „Die Streuung von Kulturen über Land und Meere, über Küsten, Archipele und Oasen verglich er Samenflügen oder der Anschwemmung von Früchten am Gezeitensaum." (Eum, S.22).

durchlaufenden Fortgangs nicht abzulösen"[184] ist, lagert Jünger die Zeit im Meer ein und setzt damit an die Stelle von Linearität eine Logik von Strömungen und periodischen Zyklen im Bild der ,Gezeiten'. Korrespondierend zu diesem Bild erscheint immer wieder „der Mond über der Kasbah"[185] und macht Eumeswil zum Gravitationszentrum historischer Formationen, zum Grenzposten, der durch eine historische Windstille[186] zum Ort der Ablagerung von Geschichtsüberresten wird:

> „Wir leben hier an einer windstillen Lagune, wo enorme Mengen von Strandgut versunkener Schiffe angetrieben sind. Wir wissen besser als je zuvor, was jemals irgendwo auf dem Planeten vorgegangen ist."[187]

Für Venator wird die oberflächliche Gegenwart und ihre Herrschaftsordnung zum reinen Durchgangsmedium eines Blickes, der sich auf Signaturen in der Tiefe der Zeit richtet.

Wenn für Benjamin die Stadt Paris in den Gedichten Baudelaires als „versunkene Stadt und mehr unterseeisch als unterirdisch"[188] erscheint, als topographische Formation, die in ihren zweideutigen Traumbildern Urgeschichte zitiert, so zeugen auch die Bilder, die Venator von Eumeswil zeichnet, von einer raumgewordenen Präsenz der Vergangenheit in der submarinen Traumstruktur der Gegenwart:

> „Das sind Atlantis-Stimmungen. Hier in Eumeswil hat sich die Optik insofern vereinfacht, als die traumhaften Elemente zugenommen haben und die Realität abschwächen. Als Historiker kann ich sie nicht ernst nehmen, eher als Traumdeuter. Ich blicke durch sie auf die Geschichte mit ihren Domen und Palästen wie auf ein versunkenes Vineta hinab."[189]

---

184 Benjamin I.2, S.701.
185 Eum, S.97. Vgl. ebd. S.41, 72, 312 und 367. Das Bild des Mondes über der Kasbah erscheint immer im Kontext der Runde, die sich in Vigos Garten trifft.
186 Blickt man durch Benjamins Bild vom ,Engel der Geschichte' auf den Jünger-Text, so erscheint im Zeichen der Windstille ein Zustand, in dem die Dynamik der Fortschrittsgeschichte erlahmt ist, ohne dieselbe an ein Ende geführt zu haben.
187 Eum, S.21.
188 Benjamin V.1. S.55.
189 Eum, S.265. Vgl. auch: „Spät kommt es in der Nachtbar zu einer submarinen Stimmung; ich werde wacher, wenn ich mein Aquarium beobachte." (Eum, S.225).

Ransmayr hält ein ähnlich elementares Bildrepertoire bereit; auch in Morbus Kitahara werden die Relikte der Vergangenheit im Wasser eingelagert:

> „Die *Schlafende Griechin*, ein Raddampfer, [...] war in der Moorer *Bombennacht* im Hagel der Einschläge [...] in Flammen aufgegangen und lag seither von Algen und Tang umweht in der grünen Tiefe vor dem Anlegesteg, gut sichtbar bei ruhigem Wasser und Windstille."[190]

Die Wasseroberfläche wird dabei zur Scheidewand von Spiegelphänomenen, die Gegenwart und Vergangenheit in ein räumliches Verhältnis setzen. Die Wiederkehr der *Schlafenden Griechin* in den Nachkriegsjahren, keine Wiederkehr des Gleichen sondern nur matter Abglanz der vergangenen Pracht, lässt das Bild des alten Dampfers langsam vergehen:

> „Jener zerschossene, von Algenfahnen umwehte Dampfer gleichen Namens aber [...] schien mit jeder neuen Fahrt unsichtbarer zu werden, so, als ob Schaufelräder, Schraube und Ruderblatt seiner Nachfolgerin nicht bloß Sand und Schlick des Grundes aufwirbelten und die Sicht trübten, sondern das Vergessen selbst."[191]

---

190 MK, S.63. Hervorh. i. Orig.
191 Ebd., S.91.

4.3 Der Historiker als Flaneur

Die spätabendlichen historiographischen Beutezüge[192] durch die Gespräche des Condors mit seinen Paladinen, die in der gedämpften Atmosphäre der Nachtbar stattfinden, bilden gewissermaßen die Nacht- und Innenseite des Eumeswilschen Geschichtsraumes. Sie verweisen nicht nur auf eine szenisch-theatralische Grundverfassung der Geschichtsarbeit, in der Figuren und Gespräche „vorüberziehen"[193], sondern auch auf die Konstitution eines von Stimmen erzeugten Wahr-nehmungsraumes, in dem sich der „Scharfsinn [...] auf das Ohr verlegt."[194] Als reiner Innenraum gleicht die Nachtbar selbst einem von der Außenwelt abgekapselten akustischen Laboratorium:

„Der Raum ist gut gegen Schall gesichert; ihn abzustimmen fällt in meine Pflicht."[195]

Die Atmosphäre des Raumes, seine „Ambiance"[196], ist manipulierbar durch einen ominösen „Zerstäuber"[197]; mitunter muss Venator „die Ambianz verstärken und die Resonanz mindern."[198] Venators Selbst-beschreibung als reiner Beobachter, der mit der Tapisserie verschmilzt[199], ist damit ambivalent. Räume werden im Wahrnehmungsakt konstituiert: Jene Berichte Attilas vom Wald, die Anmerkungen des Domo über das Strafsystem und die Inseln der Verbannung – Wahrnehmungsakte, in denen durch eine infinitesimale Verschachtelung der Räume die engen Grenzen der in sich selbst verkapselten Nachtbar gesprengt werden – sind nicht nur Produkte einer reinen Rezeptionsarbeit:

---

192 Venators Ablauschen der Nachtbar-Gespräche wird in einer Jagdmetaphorik entfaltet (Vgl. z.B. Eum, S.67) die leitmotivisch große Teile des Textes durchzieht. Zur Jagd-motivik in *Eumeswil* allgemein vgl. Rubel 2000b. Zur Verbindung von Jäger, Nomade und Flaneur vgl. Hüppauf 1999, S.1599ff.

193 Eum, S.46. Vgl. ebd., S.49.

194 Ebd., S.16.

195 Ebd., S.17.

196 Ebd., S.223.

197 Ebd., S.207 und S.185.

198 Ebd., S.55.

199 „Der beste Posten ist der, an dem man viel sieht und wenig gesehen wird. In dieser Hinsicht bin ich hier sehr zufrieden; oft hantiere ich wie ein Chamäleon in der Nachtbar, als ob ich in die Tapete einschmölze." (Eum, S.124).

„Ich habe auch die Ambianz zu kontrollieren, und in solchen Augen-
blicken, in denen ich spüre, daß etwas im Raum ist, erlaube ich mir
gewisse Freiheiten, indem ich sie stärker auflade."[200]

Hinter der Szenerie der sprachlichen Raumentfaltung erscheint Venator
als geheimer, regloser Zeremonienmeister eines zeitlosen Geschichts-
theaters, der „Männer und Mächte in die Arena treten"[201] sieht, ihre
Erscheinung „bis in die Mimik, die Gestik, bis tief in das Schweigen
hinein"[202] der Lektüre unterzieht und wiederum in retrospektiver
Doppelperspektive Korrespondenzen erfasst:

„Zuweilen habe ich den Verdacht, daß er [der Condor] aus Eumeswil ein
kleines Florenz machen möchte, dann hätte er im Domo schon seinen
Macchiavell."[203]

In den Nachtbarszenen, die sich als detektivisches Forschen in einer
dämmrigen Traumverfassung entfalten, wird eine historische Recodie-
rung verdichtet, durch die der Historiker des Posthistoire und sein
Agieren am Umschlagspunkt von Innenräumen und historischen Topographien in die Nähe eines Typus der Moderne verwiesen werden. Denn
auch dem Flaneur, wie ihn Walter Benjamin beschrieben hat, „tritt die
Stadt in ihre dialektischen Pole auseinander. Sie eröffnet sich ihm als
Landschaft, sie umschließt ihn als Stube."[204]

„Diese Historie des Posthistoire [...] stellt [...] den Blick des Dandy nach,
der bei Baudelaire zur Signatur einer neuen Zeit wird und die Voraussetzung einer anderen, ästhetischen Wahrnehmung schafft."[205]

In Jüngers Postmoderne-Vision ist die materielle Substanz verloren, die
die Grundlage bildete für den Flaneur, seine Raumerfahrung und seine
Lektüre der Topographie der Großstadt als steinernes Gedächtnis. Die
Haltung des Flaneurs aber bleibt erhalten, sein rastloses Schweifen durch

---

200 Eum, S.68.
201 Ebd., S.213.
202 Eum, S.67.
203 Ebd., S.224.
204 Benjamin V,1. S.525.
205 Renner 1995, S.261.

eine panoramatisch zur Geschichtslandschaft erweiterte Topographie findet nunmehr einzigen Rückhalt in der Imaginationskraft des Historikers – ein „Heimtheater spielt gratis [...] im Oberstock"[206] – und in den medientechnischen Simulationen des Luminars.[207] Eine erträumte Pariser Caféhaus-Szene deutet durch die Erwähnung Manets und durch ein Verlaine-Zitat[208] zurück in die Zeit der ‚Urgeschichte der Moderne' – und evoziert zugleich jene Nachtbar-Atmosphären mit ihren visuellen und akustischen Wahrnehmungsräumen, die nun selbst als Zitat einer historischen Urform erscheinen:

> „Ambiance: Um diese Stunde beginnen die Großstädte zu träumen; die Nacht wirft ihren Schleier aus. Der Gast sieht Bekannte und Unbekannte, die ihn zum Gespräch, zum Geschäft, zum Vergnügen anregen. Allein, wie viele ihrer auch vorüberziehen: er versagt sich der Ansprache. [...] Ihr Bild berührt ihn tiefer als ihre flüchtige Person. Wäre er Maler, so würde er es in sich bewahren und in einem Meisterwerk befreien. Wäre er Dichter so ließe er für sich und viele die Stimmung wieder aufleben: Harmonie der Menschen und der Häuser, das Verblassen der Farben und das Erwachen der Töne mit der heraufziehenden Nacht. [...] Nun wölben die Figuren sich in immer heftigeren Wehen; sie wollen erkannt werden."[209]

Im Resonanzraum der Nachtbar gewinnt die Erkenntnis der Figuren die Qualität einer ästhetischen Praxis zwischen Lektüre und Autorschaft. Wenn das Personal zu später Stunde im „Hieroglyphenstil"[210] heraldischer Bilder erscheint, der „Condor in der Mitte als Königsgeier", „Attila als Einhorn" und der Domo als Odysseus – „eine Schicht kupfriger Haare kräuselt sich von den Schläfen bis zum Kinn"[211] – so eröffnet sich Venator darin ein beinahe uneingeschränktes Sinnschöpfungspotential, das die Herstellung eines Zeichengewebes ermöglicht, in

---

206 Eum, S.214.
207 Zur Verbindung von Subjektivität, Traum und Luminar s. Kapitel 4.6 dieser Arbeit.
208 Vgl. Eum, S.113f. Zitiert werden zwei Zeilen von *Nocturne Parisien*.
209 Eum, S.113f.
210 Eum, S.204.
211 Alle Ebd.

dem die Astrologie neben die Andenkultur, die antike Mythologie neben die Heraldik tritt.[212]

Im Stile des Benjaminschen Flaneurs und Allegorikers, der ein „Herausreißen der Dinge aus ihren geläufigen Zusammenhängen"[213] praktiziert, wird die Kontinuität der Wirklichkeit aufgebrochen, ihre Versatzstücke und Szenen werden als visuelle Chiffren und allegorische Imaginationen verfügbar gemacht:

> „Die Erinnerung des Grüblers verfügt über die ungeordnete Masse des toten Wissens. Ihr ist das menschliche Wissen Stückwerk in einem besonders prägnanten Sinn: nämlich wie der Haufen willkürlich geschnittener Stücke, aus denen man ein puzzle zusammensetzt. Ein Zeitalter, das der Grübelei abhold ist, hat im puzzle deren Geberde festgehalten. Sie ist im besonderen die des Allegorikers. Der Allegoriker greift bald da bald dort aus einem wüsten Fundus, den sein Wissen ihm zur Verfügung stellt, ein Stück heraus, hält es neben ein anderes und versucht, ob sie zueinander passen: jene Bedeutung zu diesem Bild oder dieses Bild zu jener Bedeutung."[214]

Historische Fragmente werden aus dem geschichtsphilosophischen Korsett des Historismus gelöst, „Geschichte verwandelt sich in eine Konfiguration von lesbaren Zeichen."[215] So arbeitet Venator an einer Transformation der Welt in Bildkonstellationen[216], in der die Figuren in einer „Doppellektüre"[217] zu „Ideogrammen in einer Simulationswelt"[218] werden, die unausgesetzt Vergangenheit zitiert, wobei Wahrnehmung und Konstruktion zwei Seiten einer ästhetischen Praxis bilden. Der Historiker „verknüpft Gedächtnis und Phantasie."[219]

---

212 Vgl. ebd., S.204f.
213 Benjamin I.2, S.670.
214 Benjamin V.1. S.466.
215 Renner 1995, S.257.
216 „Wie bei Baudelaire werden Erfahrungen, Beobachtungen und Reflexionen in suggestiv wirkende visuelle Chiffren verwandelt, die nur andeutungsweise zur historischen und gesellschaftlichen Realität in Beziehung stehen. Die gesellschaftlichen Prozesse erscheinen als Bilder, an keiner Stelle werden sie auf den Begriff, schon gar nicht auf einen politischen oder philosophischen gebracht." (Renner 1995, S.257).
217 Renner 1995, S.258.
218 Ebd.
219 Ebd., S.261.

In der geschichtstheoretischen Praxis Benjamins wird die Vergangenheit aufgesprengt, ihre vermeintlich kontinuierliche Fortschrittsentwicklung in einer zäsurierten Denkbewegung unterbrochen, indem in „dialektischer Polarisation"[220] Gewesenes und Jetztzeit sprunghaft im dialektischen Bild zusammentreten. Nach Benjamin gilt: „Geschichte zerfällt in Bilder, nicht in Geschichten."[221]

In ähnlichen Koordinatensystemen agiert auch Jüngers Historiker, wenn er in der Logik korrelierter Bilderserien historische Bewegung still stellt, Kontinuitätsmodelle untergräbt und die Gegenstände der Geschichte im Zustand losgelöster Isolation visiert, variiert und umschichtet. Venators Lektüre in Bildwelten zeugt aber nicht nur von einer semiologischen Mobilisierung des Geschichtsmaterials[222], sondern auch von dessen Verankerung in topographischen und szenischen Konstellationen. Venators Bilder sind Bilder von Raumordnungen und szenischen Sequenzen, die in vielfältigen Überblendungen und Kontrastierungen permanent zu neuen Formationen umgeschaffen werden.

Im Bild der Insel konzentriert sich Venators Verfahren[223]: Ausgehend von einem Nachtbar-Gespräch über Strafsanktionen, erscheint hinter dem realtopographischen „Archipel von mehr als zwanzig Eilanden"[224] die Insel der Verbannten als zeitloses Instrument der Herrschaftstechnik. Aussonderung und Eskapismus, gesellschaftliche Sanktion und freiwilliges Exil bilden den Spielraum sozialer Handlungsmuster, die sich in der räumlichen Trennung der Insel entfalten. Die Polarität von Subjekt und Kollektiv, die darin zum Ausdruck kommt, wird wiederum historisch zurückgebunden: der Verbannte zitiert Napoleon auf Elba[225], Tiberius auf Capri den Einsiedler.[226] Die Insel „liefert die Bühne, auf der sich das Spiel der Gesellschaft durch wenige Akteure darstellen läßt."[227] Als Experiment, eingelagert in die experimentelle Verfassung von Eumeswil, macht sie wie im Zeitraffer Sozialisationsprozesse und die organische Entwicklung autoritärer Ordnungen im Kleinen beobachtbar.

---

220 Bolz 1989, S.137.
221 Benjamin V.1, S.596.
222 So der Tenor bei Renner 1995 mit Blick auf die „dekonstruktive Kraft" (257) der fragmentierten Zeichenprozesse.
223 Vgl. Eum, S.298-317. (Kapitel 37).
224 Eum, S.306.
225 Vgl. Eum, S.305.
226 Vgl. Eum, S.316.
227 Eum, S.307.

Als raumgebundenes Sozialmodell bewegt sich die Insel nomadisch durch die Historie und Literaturgeschichte, von der Meuterei auf der Bounty bis zu Daniel Dafoes *Robinson Crusoe* und Johann Gottfried Schnabels *Insel Felsenburg*, die für Venator beide auf Rousseau und die Theorie des Sozialvertrages verweisen. Eingrenzung und Ausgrenzung: Von den elitären Gesprächsrunden in Vigos Garten bis zur Nachtbar, von der Verteidigung der Kasbah bis zum eskapistischen Rückzugsort des Bunkers im Sus-Delta, vom Waldgänger, der „aus der Gesellschaft herausgedrängt wurde"[228] bis zum Anarchen, der „die Gesellschaft aus sich verdrängt"[229] und eine „solitäre, [...] insulare Existenz führt"[230]: Immer sind es Grenzziehungen zwischen Innen- und Außenräumen, die ins topographische Urbild der Insel gehoben werden und von hier aus die Semantiken des Textes organisieren, indem sie ein dichtes Beziehungsnetz der Motive, Bilder und thematischen Einschlüsse installieren, von der Historiographie bis zum Mythos, von der Utopie bis zur Figurendeutung:

> „Die Insel ist ein Modell zur Verwirklichung gleichviel welcher Charaktere; ein anderer könnte sie gewählt haben, um dort heilig zu leben, als die Niedertracht der Welt ihn anwiderte. Auch dafür gibt es Beispiele."[231]

Im Paradigma der Raumverschachtelung kommt es zur Überblendung der Bilder des Odysseus, des Flaneurs und des Anarchen. Die Fesselung des „geborene[n] Insulaner[s]"[232] Odysseus am Mastbaum deutet Venator als Ausweis der Freiheit, als Selbsteinschluss in einem Innenraum, der die Verlockungen des Außenraumes, den Gesang der Sirenen, zum ästhetischen Genuss werden lässt.[233] Wenn Odysseus schadlos manövriert „zwischen Szylla und Charybdis --- Modelle[n] von Begegnungen, die uns nicht nur auf fernsten Inseln widerfahren, sondern an jeder Straßenecke einer beliebigen Stadt"[234] – so spiegeln sich darin die Gänge

---

228 Ebd., S.165.
229 Eum, S.165.
230 Ebd., S.313.
231 Ebd., S.317.
232 Ebd., S.307.
233 Vgl. ebd., S.314.
234 Eum, S.308.

des Flaneurs in der „mythologischen Topographie von Paris"[235], in jenen traumverlorenen Architekturen und Innenräumen der Passagen, die „eine Stadt, ja eine Welt im kleinen"[236] bilden, „Feengrotten", in denen die „Sirenen des Gaslichts"[237] singen. Der Flaneur bewegt sich in der Urlandschaft einer Passage, in der

> „[o]rganische und anorganische Welt, niedrige Notdurft und frecher Luxus [...] widerspenstigste Verbindung ein[gehen], die Ware hängt und schiebt so hemmungslos durcheinander wie Bilder aus den wirresten Träumen"[238].

Diskontinuität der Gegenstände, die in einer Logik des Traumes zusammentreten, Formationen von Bildern und Szenen, die aufblitzen, um sich wiederum in andere lesbare Konstellationen zu verschieben: In diesen Modi wird auch der Geschichtsinnenraum entfaltet, den der Ich-Erzähler durchwandert. In seinen Bewegungsmustern kommt eine nomadische Bindungslosigkeit zum Ausdruck, ein freies Schweifen in Räumen jenseits territorialer Grenzen und Einkerbungen, das erkenntnistheoretisch für den geistigen Raum und den Raum der Geschichte in Anschlag gebracht wird. Die Kontrastierung von Figurationen der Moderne und des Archaischen findet sich auch bei Benjamin:

> „Das spezifisch Moderne gibt sich bei Baudelaire immer wieder als Komplement des spezifisch Archaischen zu erkennen. In dem Flaneur, den sein Müßiggang durch eine imaginäre Stadt von Passagen trägt, tritt dem Dichter der dandy entgegen. [...] Doch schlägt im Flaneur auch ein längst verschollenes Geschöpf des träumerischen, den Dichter bis ins Herz treffenden Blick auf. Es ist der ,Sohn der Wildnis', der Mensch, der von einer gütigen Natur einst der Muße anverlobt worden ist."[239]

Wenn Benjamin „eine moderne, geistige Bindungslosigkeit als Komplementärform einer vorgeschichtlichen Freiheit im räumlich-

---

235 Benjamin V.2, S.1020.
236 Benjamin V.1, S.45.
237 Benjamin V.2, S.700.
238 Ebd., S.993.
239 Benjamin V.2, S.969.

körperlichen Sinn"[240] auffasst, die in der modernen Metropole wieder-
auferstanden ist, so findet Jüngers Historiker hier seinen Konvergenz-
punkt. Als postmoderner Nomade, der sich durch die Bild- und Text-
welten der Geschichte treiben lässt, gleicht er dem Dandy und seinen
ästhetischen Anschauungsformen. Als freiheitsliebender Souverän seiner
selbst gleicht er Odysseus, als Anarch, der „eine Art individualistische
Apologie des politischen Desengagements"[241] vertritt, als radikaler
Individualist in Distanz zur Gesellschaft, gleicht er dem Heros der
Moderne.[242]

---

240 Hüppauf 1999, S.1600.
241 Hervier 1996, S.108.
242 Damit kehren im Spätwerk auch Signaturen des Frühwerks wieder, auf dessen ästhe-
tizistische Dimension Bohrer hingewiesen hat, der den frühen Jünger in den Kontext der
europäischen décadence stellt. Vgl. Karl-Heinz Bohrer: Die Ästhetik des Schreckens.
Die pessimistische Romantik und Ernst Jüngers Frühwerk. München und Wien 1978.
Bes. S.21-41.

4.4 Analogien und Einschlüsse

Venators Ordnungsmuster entfalten ein Denken in Ähnlichkeitsbeziehungen: Die Ermordung Julius Cäsars tritt neben Sarajevo, beides wird
gespiegelt in der Fabel und der antiken Plastik, die das „Verhältnis des
Mächtigen zu seinem Opponenten"[243] darstellt als Konstellation, die
wiederum auf Eumeswil übertragen wird.[244] Szenen der spanischen
Herrschaft im Aztekenreich treten, vermittelt durch die Heraldik, neben
südamerikanische Kultur und Mythologie; beides wird im Zeichen der
Ornithologie wiederum auf Eumeswil und seinen Herrscher, den
‚Condor', umgebrochen.[245]
Venators Erkenntnisarbeit erinnert an die Episteme der Analogie, die
Michel Foucault als Technik der Organisation des Wissens vor dem
ersten signifikanten epistemologischen Bruch, dem Einsetzen der klassischen Aufklärung um 1650, beschrieben hat.[246] Demnach hat das Denken der Renaissance die Gesamtheit der Phänomene und Dinge durch
ein komplexes Netzwerk von Ähnlichkeitsrelationen in Beziehung
gesetzt und mit Analogiebildungen durchzogen. In räumlicher Nachbar-
schaft, in verdoppelnder Nachahmung, in Serien von Relationen, Pro-
portionen und sympathetischen wie antipathetischen Wechselwirkungen
durchspannt und durchwirkt ein unsichtbares System von Analogien
und Affinitäten den Kosmos und organisiert die vielfältigen Bezie-
hungen seiner Gegenstände. In der sichtbaren Gestalt der Dinge gleicht
die Natur einem Buch, „das Gesicht der Welt [ist] mit Wappen, Charak-
teren, Chiffren, dunklen Worten oder [...] ,Hieroglyphen' überzogen."[247]
Die Welt wird zu einer Welt aus Zeichen. Lesbar wird diese Schrift in
den Signaturen, die die Dinge tragen. „[D]ie Ähnlichkeiten erfordern
eine Signatur, denn keine unter ihnen könnte bemerkt werden, wenn sie
nicht sichtbar bezeichnet wäre."[248]
Die Welt erscheint so als universaler Text, als Gesamtheit zu entziffern-
der Signaturen, die als sichtbare Merkmale den Dingen eingeschrieben

243 Eum, S.183.
244 Vgl. ebd.
245 Vgl. ebd., S.188-208.
246 Vgl. Das zweite Kapitel (*Die prosaische Welt*) in *Die Ordnung der Dinge*. Foucault
     1971, S.46-77.
247 Foucault 1971, S.57.
248 Ebd., S.59.

sind und lesbar werden, weil sie sich ebenso im Paradigma der Ähnlichkeit entfalten wie die Affinitäten der Dinge, die in ihnen sichtbar werden.

> „Die Welt ist von Zeichen bedeckt, die man entziffern muß, und diese Zeichen, die Ähnlichkeiten und Affinitäten enthüllen, sind selbst nur Formen der Ähnlichkeit. Erkennen heißt also interpretieren: vom sichtbaren Zeichen zu dem dadurch Ausgedrückten gehen, das ohne das Zeichen stummes Wort, in den Dingen schlafend bliebe."[249]

Diese Sprache der Dinge ist universal, der Bereich ihrer Geltung unbegrenzt. Von der belebten bis zur anorganischen Welt, vom Makro- bis zum Mikrokosmos, von den Himmelserscheinungen bis zum Unterirdischen sind alle Bereiche dieser „Kosmographie"[250] der Interpretation zugänglich. Wenn die Sprache der Dinge in die Welt selbst eingelagert ist, wenn sichtbare Merkmale der Dinge als Zeichen lesbar werden, weil Signifikant und Signifikat durch kongruente Ähnlichkeitsrelationen aufeinander angelegt sind, dann erscheint umgekehrt die wirkliche Sprache selbst als Gegenstand der Welt und mit den Dingen durch Ähnlichkeitsrelationen aufs engste verbunden.

> „Die Sprache gehört zur großen Distribution der Ähnlichkeiten und Signaturen. Infolgedessen muß sie selbst als eine Sache der Natur untersucht werden."[251]

Nach Foucault hat erst das Zeitalter der klassischen Aufklärung jene Analogiebeziehungen zwischen Welt und Sprache beseitigt, die Worte und Dinge als Elemente innerhalb *eines* Raumes komplex aufeinander bezogen haben. Das 17. Jahrhundert hat die Sprache zu einem neutralen und gleichförmigen System von transparenten Bedeutungen umgeschaffen. Von der Erscheinungswelt abgetrennt, wurde die Sprache zum Repräsentationsinstrument eines Denkens in Identitäten und rationalen Klassifikationssystemen. Verloren gegangen ist in diesem Prozess auch die Vorstellung von einer primär textuell-schriftlichen Verfassung der

---

249 Ebd., S.63
250 Ebd., S.52.
251 Ebd., S.66.

Welt als ein „in sich selbst [...] ununterbrochenes Gewebe aus Wörtern und Zeichen, aus Berichten und Merkmalen, aus Reden und Formen"[252], das jenseits der Unterscheidung von Gelesenem und Gesehenem eine glatte Schicht bildete, „auf der der Blick und die Sprache sich unendlich oft kreuzten."[253] Erkenntnisarbeit war für die Renaissance eine unabschließbare Interpretationsarbeit im Spielraum der Analogieketten, die die Sprache selbst miteinschloss, weil man „auf dem Untergrund einer Schrift [sprach], die mit der Welt eins ist."[254]

> „Eines Tages wird sich Buffon darüber erstaunt zeigen, daß man bei einem Naturforscher wie Aldrovandi eine unentwirrbare Mischung genauer Beschreibung, aufgenommener Zitate, kritikloser Fabel und Bemerkungen finden kann, die unterschiedslos über Anatomie, Wappen, Lebensverhältnisse, mythologische Werte eines Tieres handeln und darüber, welchen Gebrauch man davon in der Medizin oder in der Magie machen kann."[255]

Dieselben disparaten Sphären des Wissens haben auch Eingang in Jüngers Text gefunden. Venators Reflexionen und Lektüren durchlaufen einen Raum aus „Folianten [...], die vor der Zeit des großen Linné gedruckt wurden"[256] und von mythischen Mischwesen berichten, aus Berichten über magisches Heilwissen[257], magische Vogelkunde und Ornithologie[258], aus Inschriften, Zitaten, Hieroglyphen, Werken der Malerei und Berichten von archaischen Völkern.[259] Das Paradigma der Lektüre wird in *Eumeswil* vielfach variiert und auf die Erkenntnisarbeit bezogen: „Vigo sieht in die Welt wie in ein Bilderbuch."[260]
Jüngers Historiker, für den die „Geschichte nicht das schlechthin geschehene, sondern seine Anordnung"[261] ist, leistet eine Interpretationsarbeit, die die Szenen und Bilder einer zerfallenen Geschichte in unendlichen Analogieketten verknüpft:

---

252 Foucault 1971, S.72.
253 Ebd., S.71.
254 Ebd., S.74.
255 Ebd., S.71.
256 Eum, S.52.
257 Vgl. ebd., S.53.
258 Vgl. ebd., S.15.
259 Vgl. ebd., S.202, 270.
260 Eum, S.71.
261 Ebd., S.261.

„Flavius Josephus, eine Synagoge am Oberrhein während der Kreuzzüge, der Prager Friedhof, Dreyfus, dem man die Epauletten abreißt, den Säbel zerbricht."[262]

In Eumeswil ist die Geschichte selbst zur lesbaren Oberfläche geworden, Szenen und Bilder bilden Signaturen, die entziffert werden müssen, um darunter liegende Formationen freizulegen. Mitunter „steigt der Komplex als Ganzes wie eine Blase aus trübem Grund zur Oberfläche, zum historischen Spiegel auf."[263] Diese, im Modus der Gleichzeitigkeit versammelte, lesbare Außenseite bildet eine Textur, in der historische Fakten, der Mythos, allerlei Texte, Berichte und Bilder nebeneinander treten, ebenso „Archaisches", wobei das Augenmerk „nicht nur auf seine zeitliche Ausdehnung, sondern auch auf seine räumliche Tiefe"[264] gelegt wird. Die Literatur bildet das „Sediment einer Zeit in den Schriftzeichen"[265], das Schriftzeichen selbst gleicht der „Koralle im versteinerten Riff."[266] Neben die Schrift tritt das Fossil und kündet von der Erstarrung und Versteinerung der Vergangenheit[267]; Staatsformen erscheinen wie „dünne Häute, die unaufhörlich abblättern."[268] Kulturelle Hochformen durchbrechen das Außenhautgefüge, „wenn es noch nicht erhärtet oder nachdem es rissig geworden war."[269] Die Formationen und Gestalten der Geschichte, die Gesamtheit der in Quellen, Mythen und Überresten zugänglichen Information wird von Venator auf einer imaginären, zeitlosen Erdkruste verortet und in geologisch-erdgeschichtliche Bildbereiche gehoben. Auch für die Gegenwart von Eumeswil gilt: „Veränderungen in Tiefenschichten künden sich an der Oberfläche durch zarte Kräuselungen an."[270]
Das Geschichtsmaterial wird in dieser Anordnung zum Effekt einer kosmologischen Dynamis, zum Appendix von Bewegungen einer tiefer liegenden materiellen Ursubstanz. Manche historischen Schichten stoßen

---

262 Ebd., S.400.
263 Ebd., S.262.
264 Eum, S.202.
265 Ebd., S.342.
266 Ebd.
267 Vgl. ebd., S.35.
268 Eum., S.36.
269 Ebd., S.36f.
270 Ebd., S.141.

ans „Magma"[271], Formen tauchen auf aus der Tiefe einer zeitlosen, heißen Schmelze, erkalten und erstarren, um wiederum im Kreislauf eingeschmolzen zu werden.

„Wir hausen auf fossilem Grunde, der unvermutet Feuer speien kann. Wahrscheinlich ist alles Brennstoff, bis zum Mittelpunkt."[272]

In Korrespondenz zu den Bildern dieser geologischen Kosmologie stehen Vigos Ausführungen zur Geschichte, die sich als organisch-vegetative Schicht über den einfachen Grundformationen ausbreitet:

> „Nach ihm ist das Primitive der Grundstock des Einzelnen und seiner Gemeinschaften. Es ist sein Urgestein, auf dem sich Geschichte gründet und das, wenn sie verkümmert, wieder zutage tritt. Humus mit seiner Flora schichtet sich auf dem Felsen und schwindet wieder, gleichviel auf welche Weise --- sei es, daß er vertrocknet oder von Unwettern fortgeschwemmt wird. Dann tritt der blanke Stein zutage; er birgt vorzeitliche Einschlüsse. Etwa: der Fürst wird Häuptling, der Arzt Medizinmann, die Abstimmung Akklamation."[273]

In jenen Einschlüssen finden Venators Forschungen ihren Fluchtpunkt. Die dialektische Überblendung von Geschichtsbildern, die Bildung von Analogieketten und sein nomadisches Schweifen durch historische Topographien dienen dem Aufspüren von elementaren Grundmustern, die, eingelagert in einem vorgeschichtlichen Formationsraum, der Bildung konkreter geschichtlicher Gestalten zugrunde liegen.

„In diesem Sinne gleicht die Geschichte einem Magmabrocken, in dem sich Blasen erhärteten."[274]

Der zeitlose Einschluss, das „Inklusum"[275], „drängt immer wieder durch die zähe historische Masse zur Oberfläche, meist ohne daß es sie erreicht."[276] Treten Einschlüsse zutage, so eröffnen sich dem Historiker Einblicke in die Matrix aller historischen Formbildungen.

---

271 Ebd., S.138.
272 Ebd., S.382.
273 Ebd., S.76.
274 Eum, S.368.
275 Ebd., S.261.
276 Ebd., S.367.

„Ein überzeitlicher Kern kann in der Materie entdeckt und aus ihr befreit werden. Das sind Auferstehungen."[277] In analogen Bildbereichen entfaltet auch Ransmayrs *Morbus Kitahara* einen Geschichtsdiskurs, in dem nachgeschichtliche Kristallisation und Erstarrung im Zustand der Versteinerung aufscheinen, als sei die Zeit selbst in die Materie eingegossen worden. Über den Steinbruchverwalter und ehemaligen Häftling Ambras heißt es:

> „Selbst das stumpfe Glitzern frisch gebrochenen Granits erinnerte ihn nun an die Bauformen der Edelsteine, und tagsüber saß er oft stundenlang in seiner Verwalterbaracke und betrachtete mit einer Lupe die schwebenden *Einschlüsse* im Inneren seiner Smaragde. In diesen winzigen Kristallgärten, deren Blüten und Schleier im Gegenlicht silbergrün glommen, sah er ein geheimnisvolles, laut- und zeitloses Bild der Welt [...]."[278]

Unter der immer wiederkehrenden Losung „‚Urbild ist Bild *und* Spiegelbild'"[279] entfaltet sich Martin Vernators historische Forschungsarbeit als Suche nach fundamental-elementaren Kernpunkten, die nicht mehr weiter teilbar sind:

> „Wenn wir auf die Atome zurückgreifen, verschwinden Unterschiede wie zwischen Cäsar und jenem Prinzen, der wenig bedeutend war. [Gemeint ist der österreichische Thronfolger, dessen Ermordung 1914 der äußere Anlass des Ersten Weltkriegs war.] Beide stehen, wie auch ihre Mörder, unter demselben Zwang. Auch darin bin ich mit Vigo einig, daß der Historiker keine Erklärungen, sondern Bilder zu geben hat. Allerdings muß in Farbe und Zeichnung, in Taten und Charakteren die atomare Wirklichkeit durchleuchten."[280]

Auch die Szenen und Bilder der eigenen Biographie werden in Korrespondenzbeziehungen gestellt, deren Urformen topographisch verortet werden:

---

277 Ebd., S.342.
278 MK, S.110. Hervorh. vom Verfasser, MM. Vgl. ebd., S.149.
279 Eum, S.69, S.242, S.263. Hervorh. i. Orig.
280 Ebd., S.183.

„Der Vater stellte meinem zartesten Leben nach. Vielleicht ist das unsere köstlichste Zeit. Die Mutter hat mich vor ihm in ihrem Schoß verborgen wie einst Rhea den Zeus in der Grotte der Ida vor den Nachstellungen des gefräßigen Saturn. Das sind ungeheure Bilder, die mich erzittern lassen, Gespräche der Materie mit der Zeit. Sie liegen als erratische Blöcke ungedeutet unter dem vermessenen Land."[281]

Die Rekonstruktion der Ähnlichkeitsbeziehungen von Bild und Spiegelbild, die durch einen „Riß im Universum"[282] immer nur im Zustand der Entstellung zugänglich sind, soll zur Erfassung eines gemeinsamen Ursprungs außerhalb der historischen Zeit führen.

„Ich blicke in mein Aquarium wie in einen Spiegel, der mir entfernte, ja vielleicht nie gewesene Zeiten wiederbringt:
Was sich nie und nirgends hat begeben,
Das allein ist wahr."[283]
„Dann pflege ich sie [die historischen Dinge] in ihrer Gegensätzlichkeit zu prüfen wie Bild und Spiegelbild. Beide sind unvollkommen – indem ich sie zu vereinen suche [...] erhasche ich einen Zipfel der Wirklichkeit."[284]

Venators entziffernde Rückblicke in den Raum der Geschichte, seine fragmentierende Perspektive, die die historischen Metaerzählungen unterläuft, konvergieren in ihren anorganisch-erdgeschichtlichen Bildbereichen mit einer metageschichtlichen Deutung, die Jünger 1959 im Essay *An der Zeitmauer* entwickelt hat. In diesem Text, der einen enorm weit gefassten Deutungsanspruch formuliert, erscheint das Zeitalter der Geschichte selbst als Episode im Rahmen der Erdgeschichte. Jünger löst den Geschichtsraum in einer Äonenspekulation, einer Art Meta-Metaerzählung, in der die Erde und ihre chthonischen Kräfte zum Subjekt der Geschichte erklärt werden. Der Übergang ins Posthistoire stellt sich aus dieser Perspektive dar als Wiederkehr der Titanen in Form der Entfesselung tellurischer Kräfte. Die geballte, technisch armierte Vernichtungsmacht, die in den Weltkriegen zur Anwendung kam und die im Hori-

---

281 Eum, S.275.
282 Ebd., S.237.
283 Ebd., S.226.
284 Ebd., S.275.

zont der 1930 im *Arbeiter* beschriebenen eindimensionalen, totalen Formierung und Mobilmachung des Planeten im Zeichen der Technik entfaltete, wird als Symptome einer „antaiischen Unruhe"[285] und „erdgeschichtlichen Veränderung"[286] gedeutet. Technisierung erscheint als Mobilisierung der Materie, als Hinwendung des Menschen zur elementaren Sphäre der Titanen und als gleichzeitige Abwendung von den Göttern, den Ideen und der Ausrichtung auf die Transzendenz einer höheren Ordnung.

> „Das Geschehen trägt einen elementarischen, titanisch-tellurischen Zug, bei dem die materielle Ordnung die paternitäre überwiegt, altes Recht, alte Sitte, alte Freiheit fragwürdig wird. Dem entspricht die maßlose, prometheische Kühnheit der Mittel und Methoden, der Vulkanismus, das Feuer, die Regung der Erdschlange, das Auftauchen von Unholden, ihre Straflosigkeit."[287]

Die technische Revolution der Moderne und die Transformation der Erdoberfläche in eine industrielle Werkstättenlandschaft zeugen von einem „Bündnis des Menschen mit der Erde gegen die Götter."[288] Die technisch überformten Kriege, gedeutet als Frontlinien tief greifender Umbauprozesse der menschlichen Existenz im Zeichen der Technik, indizieren zugleich eine Delegitimation des Subjektes[289]; ehemals heroische Individuen sind „nicht mehr als die tragenden geschichtsmächtigen Akteure erkennbar"[290], an die Stelle des Helden ist der Unbekannte Soldat getre-

---

285 Jünger SW 8, S.565.
286 Ebd., S.579.
287 Ebd., S.484f.
288 Koslowski 1995, S.220.
289 Die Tatsache, dass in solchen Konstruktionen historische Gewaltentfesselung letztlich aus dem Verantwortungsbereich menschlichen Handelns gelöst wird, zieht sich wie ein roter Faden durch Jüngers Werk und stellt eine permanente Zumutung dar. Hierin gründen auch die Umstrittenheit des Autors, die Brisanz seines Werkes und die äußerste Polarisierung der Rezeption. Mit ähnliche gelagerten Vorwürfen wurde auch Ransmayr konfrontiert: Die Darstellung einer „aufs Totalitäre ausgerichteten Anthropologie" würde den Nationalsozialismus enthistorisieren und rationale Erkenntnismöglichkeiten preisgeben, indem der Zivilisationsbruch des Holocaust in einer „universellen Menschennatur" zurückgebunden würde, „die sich unwandelbar in institutionalisierten Straf- und Tötungsanstalten kristallisiert." So Knoll 1997, S.219.
290 Koslowski 1995, S.224. Vgl. Jünger SW 6, S.474.

ten.[291] Damit vollzieht sich der Übertritt in einen neuen Äon der Erdgeschichte, an die Stelle der ‚humanen' treten ‚siderische Einteilungen'[292].

> „Der Vorgang ist erdgeschichtlich; er übergreift die Menschengeschichte und schließt sie ab, wenigstens in dem Sinne, in dem wir sie bislang verstanden haben. Das erklärt, warum wir mit der geschichtlichen Erfahrung und den aus ihr entwickelten Methoden nicht auskommen. Wir dürfen darin mehr als nur menschliche Fehler sehen. Der Mensch versagt vor etwas Stärkerem; er muß ihm nachgeben."[293]

Die Position ‚an der Zeitmauer' bezeichnet für Jünger einen Grenzzustand, an dem „Physiognomien eines Übergangs"[294] in einen nachgeschichtlichen Zustand erkennbar werden.

> „Er sieht die Weltgeschichte oder, was dasselbe ist: die Menschengeschichte eingebettet in die Erdgeschichte, die nun – jenseits der Linie, jenseits der Zeitmauer – eine neue Realität beansprucht."[295]

Die diagnostizierten Transformationen von „Geschichtslandschaften in elementare"[296] greift nicht nur auf topographische Modellvorstellungen zurück[297]. Der Gedanke der Wiedereingliederung der historischen Zeit und der menschlichen Geschichte in eine subjektlose, geologische Erdgeschichte überführt zugleich alle Zeitstrukturen in Raumformationen: Jenseits der Zeitmauer erscheint der Mensch als „schichtbildendes,

---

291 Vgl. Jünger SW 8, S.474.
292 Jünger diskutiert in seinem Essay eine Vielzahl sich an diese Prognose anschließender Konsequenzen, so auch die proteushafte Gestaltungsmacht der Technologie, die als Biotechnologie in die Ordnung des Lebendigen eingreifen wird, ohne noch an eine garantierte Ordnung (Gott, Vernunft, Moral) gebunden zu sein.
293 Jünger SW 8, S.640.
294 Kamper 1990, S.84.
295 Ebd.
296 Jünger SW 8, S.467.
297 „Das Leben wohnt im Haus der Welt. Geologische Zeitalter bilden die Fluchten, die es durchschreitet, gleichviel, ob die Säle merklich oder unmerklich ineinander übergehen." (Jünger SW 8, S.546).

schichtbestimmendes Wesen"[298], dessen kulturelle Spuren und Überreste den erdgeschichtlichen Ablagerungen eines Korallenriffes gleichen.[299] Jüngers Äonenspekulation arbeitet so an einer Synthese der Erscheinungen einer in der Moderne fragmentierten Wirklichkeit in einer Passage, die aus dem Raum der Geschichte in eine zeitlose, nachhistorische Ewigkeit führt.

> „Die plötzlich auftauchende Konfiguration von mythischem Bild und Denkmodell, die von Jünger meist szenisch ausgemalt wird, soll die Garantie des Zusammenhangs der Ordnungen sein. Fast alle Schriften Jüngers haben dergleichen konfigurative Titel, die einen Riß überbrücken."[300]

Eumeswil wendet sich wiederum dem historischen Raum zu und formuliert Fragmente einer Theorie der Geschichtsarbeit, in der ebenfalls Signaturen des Zeitlosen gesucht werden. Elemente des Deutungshorizontes des *Zeitmauer*-Essays bleiben in den erdgeschichtlichen Motiven ebenso präsent wie in intertextuellen Bezügen[301], in der Figurenkonstellation und der topographischen Raumordnung des Romans.[302] Aber auch Ransmayrs *Morbus Kitahara* imaginiert einen statischen nachhistorischen Zustand, in dem Naturräume mit ihren Wachstums- und Verfallsprozessen die Spuren und Überreste menschlicher Kultur und Geschichte in die eigene Ordnung überführt haben, als sei Menschengeschichte in Naturgeschichte übergegangen.

---

298 Jünger SW 8, S.559.
299 Vgl. ebd., S.557f. Die Weite von Jüngers Deutungsanspruch kommt in den simulierten Perspektiven zum Ausdruck, mit denen die beschriebenen Prozesse erst beobachtbar werden: „Von außerplanetarischen Stationen und von Beobachtern, die über zeitraffende Methoden verfügten, denen ‚hundert Jahre wie ein Tag' wären, würde diese Progression deutlicher wahrzunehmen sein. Man würde etwa feststellen, daß sich die Färbung des Erdballs verändert hat." (Jünger SW 8, S.554).
300 Kamper 1990, S.87.
301 „Was nutzt dem Armen das Klingen des Goldes, das er durch die Zeitmauer vernimmt?" (Eum, S.237). „Bruno dagegen betrachtet die Welt als Magier. Die Erde zeigt hin und wieder ihr Totem, das der alten Schlange, indem sie ihre Glieder abwirft oder in sich zieht. Das erklärt den Weltstaat, den Kulturschwund, das Aussterben von Tieren, die Monokulturen, die Wüsten, die Zunahme von Erdbeben und plutonischen Ausbrüchen, die Wiederkehr der Titanen – so des Atlas, der die Einheit, des Antaios, der die Kraft, und des Prometheus, der die List der Mutter verkörperte." (Eum, S.96).
302 Vgl. Kapitel 4.6 dieser Arbeit.

4.5 Zeitordnungen

Martin Venators historische Forschungen unterliegen einer permanenten Doppelperspektive: Seine Annäherungen an die Vergangenheit sind zugleich Bestimmungsversuche der Gegenwart, sein Vorgehen ist eine Arbeit an Konstellationen von Vergangenheit und Jetztzeit. Zu diesem Zweck wird von ihm geschichtliche Kontinuität aufgesprengt, ganz im Sinne seines Lehrers Vigo, dessen Methode, „querbeet, also nicht chronologisch, durch die Vergangenheit zu gehen"[303], Venator übernimmt.

> „Sein [Vigos] Blick auf die Geschichte ist nicht deduktiv, sondern bewusst unsystematisch; nicht die lineare Verknüpfung, sondern die rhizomatische Vernetzung interessiert ihn."[304]

Venators und Vigos Geschichtstheorie wird in ähnlichen Konstellationen entfaltet wie Benjamins Erinnerungs- und Lektürearbeit, die in der Entzifferung kultureller Spuren und Reste ihren Ansatzpunkt findet und dabei gleichermaßen Identitäts-, Fortschritts- und Kontinuitätsmodelle subvertiert, indem die Vergangenheit als Bildkonstellation in die Gegenwart eingebracht wird.

Eine Vorlesung Vigos wird in Jüngers Text zur historiographischen Urszene: Zentriert um einen „Fayenceteller mit einem Arabeskenmotiv von Blüten und Schriftzeichen"[305], in dessen Erscheinungsbild sich die Zeit selbst eingeschrieben hat, folgt Vigo einer nomadischen Spur durch Räume, Zeiten und Kulturen. „Auf verschlungenem Gang"[306], der den frühneuzeitlichen Handelswegen folgt, gelangt er zur spanischen und nordafrikanischen Maurenkultur, um schließlich die Historie mit der Fiktion zu verweben, indem er die ‚Geschichte von der Messingstadt' aus Tausendundeiner Nacht in die Vorlesung einflicht:[307]

---

303   Eum, S.22.
304   Renner 1995, S.257.
305   Eum, S.23.
306   Ebd.
307   ‚Emir Musa in der Messingstadt' begegnet auch in anderen Texten Jüngers (z.B. Ein Inselfrühling, Eintrag vom 4.5.1938, Jünger SW 6, S.206), insofern sind hier intertextuelle Bezüge auch innerhalb des Jüngerschen Werkes vorhanden, in denen Motive über sehr lange Zeiträume weitertransportiert werden. Aufgrund des Wortlautes in

Im Auftrag König Salomos auf der Suche nach Flaschendämonen, erreicht der Emir Musa nach langer Expedition durch die Wüste die verschlossene Messingstadt, deren Betreten erst gelingt, nachdem zwölf Gefährten beim Versuch, die Mauer zu überwinden, ums Leben kamen. Erst der 13. kann unter dem Schutz seiner Gebete die täuschenden Trugbilder, die den andern zum Verhängnis wurden, von der Wirklichkeit unterscheiden, indem er „wie unter einem Wasserspiegel die zerschmetterten Leiber der Vorgänger"[308] erkennt. Dieser letzte bezwingt die Mauer und öffnet den anderen die Tore der Stadt.

Die Messingstadt erweist sich als gänzlich verlassen und entvölkert, lediglich die „Inschriften von Grabmälern und Wänden der verödeten Paläste"[309] zeugen von den ehemaligen Bewohnern. Jene von Vergänglichkeit und Unzugänglichkeit der Geschichte kündenden Inschriften aber – „Erwarte von dem Grabe keine Kunde; / Von dort wird keine Kenntnis dir zuteil. / Im Zeitenumschwung traf sie das Verhängnis; / Aus Schlössern, die sie bauten, kam kein Heil."[310] – werden für Emir Musa (der sie wiederum aufschreiben lässt) zur Ursache „solcher Trauer, daß ihm das Leben zur Last"[311] wird.

In der von Martin Venator erinnerten Vorlesung Vigos erscheint der Emir Musa aus Tausendundeiner Nacht als ursprünglicher „Prototyp"[312] verschiedener historischer Figuren gleichen Namens aus dem Kontext der Ausweitung der arabischen Hochkultur unter der Dynastie der Omaijden in Nordafrika in den Jahren 661-750. Die fiktive Figur wird in die Historie eingerückt, die Aufmerksamkeit gilt ihrer „Begegnung mit der historischen Welt, die vor der Wirklichkeit des Märchens zum Scheinbild wird."[313] In der Konfrontation von fiktionalem Text und Historiographie werden beide Ebenen verschränkt. Durch eine Technik der Überblendung kommt es zum Austausch ihrer Attribute, sie werden Teil *einer* Textbewegung. Venators Formulierung verweist dabei nicht nur auf eine prinzipiell textuelle Verfassung historiographischer Rekon-

Eumeswil ist anzunehmen, dass Jünger Tausendundeine Nacht in der Übersetzung von Enno Littmann (1921-28) benutzt hat, die in Form der insel-Ausgabe zugänglich ist: Die Erzählungen aus den Tausendundein Nächten. 6 Bände. Frankfurt 2004.

308 Eum, S.25. Zur Unterwassermetaphorik s. S.44 dieser Arbeit.
309 Ebd., S.26.
310 Eum, S.26.
311 Ebd.
312 Ebd., S.24.
313 Ebd., S.26.

struktionen, sondern auch auf die Kristallisation des Textes in szenischen Bildern, die für den Historiker von zentraler Bedeutung sind.

Jüngers Theorie einer Geschichtsarbeit im posthistorischen Zeitalter korrespondiert in einigen Aspekten mit theoretischen Konstellationen und Bildern, die Walter Benjamin im Kontext seiner geschichtstheoretischen Thesen und früherer Texte entwickelt hat.

Die Einfassung der Tätigkeit des Historikers in Bildbereiche der Gräber, Ruinen und Katakomben verweist in ihrer Identifikation von Geschichte mit Verfall und Niedergang auf Figurationen der Barockallegorie, wie sie auch Gegenstand von Benjamins frühem Text *Ursprung des deutschen Trauerspiels* sind. Im Licht von Benjamins Theorie des Trauerspiels, die eine „Vorstellung von Geschichte *als* Trauerspiel"[314] entwickelt, wird die Szenerie der Totenstadt lesbar als Konstellation an der Schnittstelle von zeitlichen und räumlichen Formationen, als „Geschichte", die „in den Schauplatz hineinwandert."[315] Signifikant für diesen Ansatz ist die Übersetzung zeitlicher Dimensionen in die topographische Konstellation eines Schauplatzes, an dem Bilder – als Bild-Schrift – einer entziffernden Lektüre zugänglich werden.[316] Im Schrift-Bild der Messingstadt erscheint in einer Überblendung von Märchen und Historie sowie Jetztzeit und Gewesenem die Geschichte selbst in räumlicher Ordnung, wobei mit Benjamin die Figur Schwellenüberschreitung, in der die „Tore der Geschichte"[317] aufspringen, als Moment historischer Erkenntnis lesbar wird.[318]

Das Bild der eroberten Messingstadt, die mit ihren vom Emir „durchwanderten"[319] Sälen, mit ihren Inschriften und in ihrer postmortalen Leere als Gedächtnisraum erscheint, ist nicht nur das Produkt komplex übereinander gelagerter Lektüre- und Entzifferungsprozesse. Sie verweist zugleich auf eine räumliche Ordnung des Zeitlichen: Der Historiker bewegt sich „in der Geschichte wie in einem Bildersaal [...]."[320]

---

314 Weigel 1997, S.209. Hervorh. i. Orig.
315 Benjamin I.1, S.353ff.
316 Vgl. Weigel 1997, S.209.
317 Eum., S.41.
318 Vgl. Weigel 1990, S.33.
319 Eum, S.26.
320 Ebd., S.109.

Die Trauer des Emir Musa in der Totenstadt wird für Martin Venator zum „Schmerz des Historikers"[321] schlechthin, zu einer melancholischen Trauer über die Hinfälligkeit nicht nur der Vergangenheit selbst, sondern auch der Konservierungsversuche, die sich auf die Historie gerichtet haben. Zugleich werden aber auch jene Momente geglückter Retrospektion, Momente der Wiedererweckung, „in denen die Tore der Geschichte aufsprangen, die Gräber sich öffneten"[322] und die „Toten [...] heraufbeschworen"[323] wurden, im Bilde der Messingstadt eingelagert. An ihr entzündet sich eine Mortalitätssymbolik, die zwischen den Polen „Tod und Ewigkeit"[324] aufgespannt wird und die Tätigkeit des Historikers, „sein Kreisen um die Gräber"[325], in nuce bestimmt als kultisch-religiöse Erweckungsarbeit am Umschlagspunkt von Zeitlichkeit in Zeitlosigkeit.

> „Wenn wir dem Vergangenen Leben verleihen, so glückt uns ein zeitüberwindender und deutet sich an ein todesbezwingender Akt. Gelingt er, so ist auch denkbar, daß ein Gott uns beatmen wird."[326]

Damit umspannt das Bild der Messingstadt ein polares Gefüge von Vergeblichkeitspathos und Erlösungssehnsucht, von Desillusionierung in der Zeit und Messianismus jenseits der Zeitlichkeit. Denn für Venator sind Fortschrittskonzepte, egal welcher Provenienz, obsolet geworden: Jener „Progreß zum irdischen Paradies [...] läßt sich endlos auswalzen"[327] und die „Glücksversprechung"[328], die „Seligkeit [...] im Diesseits – in der Zeit"[329] zu erlangen, gleicht dem Handel mit Illusionen und ist historisch im Getriebe der Parteiungen, die sie propagiert haben, längst verschlissen worden.[330]

---

321 Ebd., S.27.
322 Ebd., S.41.
323 Ebd.
324 Ebd., S.90.
325 Ebd. Vgl. Eum, S.98: „Wer dir Grüfte mit Ehrfurcht öffnet, findet dort mehr als Moder, ja mehr als die Lust und das Leid versunkener Zeitalter." Zur Unterwassermetaphorik s. S.44 dieser Arbeit.
326 Eum, S.91.
327 Ebd., S.37.
328 Ebd., S.216.
329 Ebd., S.217.
330 Vgl. Eum, S.216f.

Und auch die zyklischen Modelle, die „kosmischen Kreisläufe"[331], haben ihre geschichtsphilosophische Evidenz eingebüßt und erscheinen lediglich als Restbestände vergangener weltanschaulicher Konstellationen.[332] Der „Metahistoriker" dagegen, „der den Geschichtsraum verlassen"[333] und das historische Denken bereits hinter sich gelassen hat, beginnt, sich über die Sphäre der Zeitlichkeit hinaus zu orientieren:

> „Das Zeitliche kehrt wieder und zwingt selbst Götter in seinen Robot – daher darf es keine Ewige Wiederkehr geben; das ist ein Paradoxon – es gibt keine Ewige Wiederkehr. Besser ist Wiederkehr des Ewigen; sie kann nur einmal stattfinden – dann ist die Zeit zur Strecke gebracht."[334]

Neben die Topographisierung von Geschichte in Bildern, in denen Gewesenes und Jetztzeit sprunghaft aufeinander treffen, in Bildern also, die die Vorstellung von einer historischen Kontinuität unterminieren und die statt dessen an einer Entzifferung der „Korrespondenzen von Gewesenem und Jetztzeit"[335] arbeiten, tritt bei Jünger, ähnlich wie bei Benjamin, der Gedanke einer prinzipiellen „Entstellung"[336], die „innerhalb der Sphäre historischer Existenz"[337] nicht als reparabel gedacht werden kann.

> „Das Leiden des Historikers [...] beruht [...] im großen und ganzen also auf der Unvollkommenheit der Welt und dem Verdacht, daß von Anfang an etwas verfehlt sein muß."[338]

Die Welt erscheint Venator nicht nur friedlos und unvollkommen[339], sondern durch einen grundsätzlichen, irreparablen Defekt ihrer rettenden Entwicklungsmöglichkeiten beraubt:

---

331 Eum, S.97.
332 Alexander Rubels direkte Rückprojektion der von Venator und Vigo entfalteten Geschichtstheorie auf die Kulturzyklentheorie Oswald Spenglers erscheint vor diesem Hintergrund kaum überzeugend. Vgl. Rubel 2000a, S.275f und Rubel 2000b, S.770b.
333 Eum, S.57.
334 Ebd., S.97.
335 Weigel 2004, S.36.
336 Ebd.
337 Ebd.
338 Eum, S.192.
339 Vgl. ebd., S.59, S.63, S.80.

„Hierher mein Verdacht, daß schon die Schöpfung mit einer Einfälschung begann. Wäre es ein simpler Fehler gewesen, so ließe sich das Paradies durch Entwicklung wiederherstellen. Aber der Alte hat den Baum des Lebens sekretiert."[340]

In der Doppelcodierung des Bildes von der Totenstadt, zeitgebundene Hinfälligkeit einerseits, andererseits überzeitliche Erlösung, wird der Punkt des Austritts aus der Geschichte markiert und zugleich ein Horizont eröffnet, dessen Fluchtpunkt „das Große Treffen, [der] Einbruch des Absoluten in die Zeit"[341] bildet.

Auch bei Jünger kommt als Gegenpol einer Geschichte, die sich als katastrophisch darstellt, eine Ordnung des Messianischen ins Spiel. Walter Benjamin hat diese Konstellation im Bild des ‚Engels der Geschichte'[342] mit Hilfe komplexer Perspektivwechsel als Ungleichzeitigkeit von historischer und messianischer Haltung beschrieben.

> „Mit der Ungleichzeitigkeit wird auch die Unversöhnlichkeit von positivistischem Geschichtsverständnis, das die Geschichte als Kette von Begebenheiten, als Kontinuum betrachtet, und einer Wahrnehmung der Trümmer, der Katastrophe, in einem Denkbild zur Darstellung gebracht."[343]

Historische Fortschrittsdynamik und messianische Intention, Geschichtsdenken und am Katastrophischen geschärftes Erlösungsdenken werden als dialektische Bewegungen bildlich-figurativ eingebunden und still gestellt, sie erscheinen als zwei gegenstrebig gefügte, ungleichzeitige Perspektiven, die einander ausschließen, aber dennoch aufeinander bezogen bleiben:

> „Der Engel der Geschichte muß so aussehen. Er hat das Antlitz der Vergangenheit zugewendet. Wo eine Kette von Begebenheiten vor *uns* erscheint, da sieht *er* eine einzige Katastrophe, die unablässig Trümmer auf Trümmer häuft und sie ihm vor die Füße schleudert. Er möchte wohl

---

340 Eum, S.10.
341 Ebd., S.81.
342 Vgl. Benjamin I.2, S.697f. Vgl. Weigel 1997, S.62-75. Zu den Konjunkturen verschiedener Lesarten des Denkbildes vgl. Niethammer 1989, S.127-144.
343 Weigel 1997, S.68.

verweilen, die Toten wecken und das Zerschlagene zusammenfügen. Aber ein Sturm weht vom Paradiese her, der sich in seinen Flügeln verfangen hat und so stark ist, daß der Engel sie nicht mehr schließen kann. Dieser Sturm treibt ihn unaufhaltsam in die Zukunft, der er den Rücken kehrt, während der Trümmerhaufen vor ihm zum Himmel wächst. Das, was wir Fortschritt nennen, ist *dieser* Sturm."[344]

Die Dynamis des Profanen, die historische Bewegung selbst hat die Möglichkeit mythisch-messianischer Anschauung und Erlösungshoffnung unumkehrbar aus der Verankerung gerissen und treibt sie vor sich her, so dass „Messianismus und Geschichtsphilosophie nicht zur Deckung gebracht werden können."[345] In der Konstruktion des dialektischen Bildes bleibt die messianische Haltung aber als „Figur der Umkehr"[346] präsent und erscheint in Gegenstellung zum Historismus. Die Differenz beider Anschauungsformen wird bei Benjamin für eine Erkenntnistheorie fruchtbar gemacht, in deren Zentrum eine messianisch inspirierte, durch eine zäsurierte Denkbewegung aufgebrochene zeitliche Kontinuität steht. Einzig im ‚Jetzt der Erkennbarkeit' wird Gewesenes in aufblitzenden, diskontinuierlichen Bildern zugänglich. Gerade aus der messianischen Intensität speist sich so eine Erinnerungs- und Gedächtnisarbeit, die als adäquat gegenüber einer Geschichte erscheint, die nur als unerlöste, entstellte gegeben ist. Die unüberbrückbare Differenz zwischen innerzeitlicher Entwicklung und außerzeitlicher Erlösung wird überführt in eine Dialektik von Entstellung im Vergessen und messianisch aufgeladener Erkenntnis im dialektischen Bild.[347]

„Das wahre Bild der Vergangenheit *huscht* vorbei. Nur als Bild, das auf Nimmerwiedersehen im Augenblick seiner Erkennbarkeit eben aufblitzt, ist die Vergangenheit festzuhalten."[348]

Auch der Historiker bei Jünger formuliert in einem Bild eine Figur retrospektiver Umkehr:

---

344 Benjamin I.2, S.697f. Hervorh. i. Orig.
345 Weigel 1997, S.68.
346 Ebd., S.71.
347 Vgl. Weigel 1997, S.75-79.
348 Benjamin I.2, S.695. Hervorh. i. Orig.

„Wenn wir den Blick zurückwenden, so fällt er auf Gräber und Ruinen, auf ein Trümmerfeld. Wir selbst unterliegen dabei einer Spiegelung der Zeit: indem wir vor- und fortzuschreiten meinen, bewegen wir uns auf diese Vergangenheit zu. Bald werden wir ihr angehören: die Zeit geht über uns hinweg."[349]

Martin Venator tritt gewissermaßen an die perspektivische Position von Benjamins Engel. In Entsprechung zum Bild historischer Windstille, die in Eumeswil herrscht, erscheint ihm die Geschichte nicht mehr als Abfolge von Begebenheiten, sondern als verräumlichte Trümmerlandschaft, als Gegenstand einer Rekonstruktionsarbeit, in der „Vergangenes [...] an die Gegenwart herangerückt und wiederaufgerichtet [wird] wie die Mauern von Städten, deren Namen selbst vergessen wurden [...]."[350] Im Lichte Benjamins erscheint Venators Erinnerungsarbeit als religiös-messianisch motivierte Praxis.

„Wie vom Gedicht die Musen, sind hier die Nornen zu beschwören; sie treten vor den Tisch. Da wird es still im Raume; die Gräber öffnen sich."[351]

Geschichts- und Erinnerungsarbeit wird zum kultischen „Dienst"[352]. Die nahe Versammlung des vielfältigen, disparaten historischen Materials in einem posthistorischen Geschichtsinnenraum und dessen kompositorische Durchdringung eröffnen Einblicke in eine transzendente Sphäre zeitloser Vollkommenheit. Dieses Jenseits des geschichtlichen Raums, der seinerseits durch jene „Einfälschung"[353] vom Makel irreparabler Unvollkommenheit gezeichnet ist, wird durch ein Sehnen des historischen Subjektes, durch einen messianischen Impuls, zum Orientierungs- und Ausrichtungspunkt.

„Die Qual, die Unruhe des historischen Menschen, seine unermüdliche Arbeit mit unvollkommenen Mitteln in einer vergänglichen Welt --- das könnte nicht empfunden, nicht geleistet werden ohne eine Weisung, die diesen Hinweis schafft. Der Verlust des Vollkommenen kann nur

---

349 Eum, S.21.
350 Ebd.
351 Ebd., S.28.
352 Ebd., S.27.
353 Ebd., S.10.

empfunden werden, wenn Vollkommenes besteht. [...] Die Kompaßnadel zittert, weil ein Pol existiert."[354]

Die Engführung von Jüngers Text im Lichte der geschichtstheoretischen Thesen Walter Benjamins macht aber auch signifikante Differenzen erkennbar:
Benjamin erfasst den Moment des Erwachens als „Schulfall des dialektischen Denkens", das wiederum (als „Organ des geschichtlichen Aufwachens"[355]) aus der Traumverfassung des 19. Jahrhunderts herausführen soll. Jener Moment, gedacht als „Konstellation der Ungleichzeitigkeit, des Zusammentreffens zweier heterogener Wahrnehmungen"[356], wird zentrales Element von Benjamins Gedächtnistheorie. Weil „der Moment des Erwachens identisch mit dem ‚Jetzt der Erkennbarkeit'"[357] ist, bildet er das Medium, in dem die Überblendung und die dialektische Verschmelzung zweier, aus der Zeitachse heraus gesprengter, zeitlich indizierter Punkte zurück gebunden wird. Referiert das dialektische Bild auf eine diskontinuierliche Übergangskonstellation von Traum und Erwachen, in der Gewesenes in die Gegenwart eintritt, so wird es dadurch zum Instrument historischer Erkenntnis.
Die Bilder dagegen, in die Jüngers Historiker geschichtliche Kontinuität zerlegt, zeugen von einer umgekehrten Konstellation. Es sind Bilder einer Traumverfassung, der Traum selbst wird zur Möglichkeitsbedingung und Verfassung historischer Erkenntnis.

> „Cäsar, von Brutus getroffen, fiel am Fuße der Statue des Pompejus; solche Bilder gelingen sonst nur im Traum. Ich will der Versuchung, mich in sie zu verlieren, widerstehen."[358]

Ausgehend vom spätzeitlichen Zustand Eumeswils, ausgehend von jenem „Helldunkel, in dem Tag und Traum ineinander übergehen"[359], führt Venators Geschichtsarbeit nicht aus dem Traum heraus, sondern tiefer in ihn hinein. An die Stelle einer luziden Durchdringung des

---

354 Ebd., S.27.
355 Benjamin V.1, S.59.
356 Weigel 1997, S.70.
357 Benjamin V.1, S.579.
358 Eum, S.208f.
359 Ebd., S.89.

Gewesenen durch ein historisches Subjekt, das im Koordinatensystem einer emanzipatorischen, materialistischen Geschichtstheorie arbeitet, tritt bei Jünger eine innergeistige Lumineszenz, in der sich die Bilder theatralisch in Traumlogik entrollen[360]:

> „Wenn ich die Augen schließe, wird es nicht dunkel, sondern hell, als ob es aus den Soffitten zu leuchten begänne, während der Vorhang sich aufrollte. Es erscheinen Blumen, die sacht heruntersinken, bunte Räder, die sich drehen, zahllose Gesichter, die nach Individuation drängen, darunter mein eigenes. Das alles, wenn ich noch nicht eingeschlafen bin. Dann dringe ich tiefer ein."[361]

Der Geist in Traumverfassung erscheint als zeitloses Medium, das die Gestalten der Welt durchdringt, sie in Analogien verbindet, ihnen Sprache verleiht, das Disparate zusammenbringt und die Grenzen der Individuation sprengt.[362] Die traumverfassten „Szenen spielen sich blitzartig ab. [Sie werden] aus dem Zeitlosen entwickelt [...]."[363] Zugleich geht die Traumverfassung der Bildproduktion nicht in reiner Regellosigkeit auf. Die Geschichtsarbeit von Jüngers Historiker entfaltet sich vielmehr in einer Wahrnehmungsweise, in der sich im Subjekt Traum und eine technisch-mediale Verfassung der Bilder überlagern. Denn mit dem Simulationsmedium des Luminars wird ein weiterer Horizont der Geschichtsarbeit eröffnet, mit dem nicht nur die Topographie wieder ins Spiel kommt, sondern die Traumbilder in einer Ordnung visueller Optik organisiert werden.

> „Gegen Mitternacht wird es Zeit, zur Ruhe zu gehen. Das Spiel der Retina beginnt. Die Bilder aus dem Luminar kehren wieder, scharf in den Umrissen, doch in den Komplementärfarben. Textseiten schieben sich ein; ich könnte sie ablesen."[364]

---

360 Jüngers Text folgt damit der Spur des Surrealismus, von der Benjamin im Passagen-Projekt abgebogen ist: „Abgrenzung der Tendenz dieser Arbeit gegen Aragon: Während Aragon im Traumbereiche beharrt, soll hier die Konstellation des Erwachens gefunden werden." Benjamin, V.1, S.571.
361 Eum, S.233.
362 Vgl. Eum, S.234.
363 Eum, S.234
364 Ebd., S.378.

4.6 Das Luminar

Mit Hilfe des Luminars ist in Eumeswil eine medientechnische, bildlich-räumliche Simulation des historischen Materials möglich geworden, das „Generationen in den Katakomben [...] gehortet und geformt haben."[365] Die universelle und enzyklopädische Verfügbarkeit historischer Fragmente, Formen und Szenerien wird im Luminar technisch implementiert. Als „versteinertes Gedächtnis"[366], das jederzeit Auskunft über historische Personen und ihre Existenz im urbanen Raum der Vergangenheit geben kann, tritt es an die Stelle der Topographie, die von Benjamin als Gedächtnisraum gelesen wird. Im Luminar kann dieser Raum nun leiblich betreten werden.

> „Im Luminar erscheinen die Bilder räumlich; je nach Belieben kann ich mich im Konvent zu den Montagnards oder Girondisten setzen, den Platz des Präsidenten einnehmen oder den des Pförtners, der vielleicht die Lage am besten übersieht. Ich bin sowohl Kläger als Verteidiger und Angeklagter, wie es mir beliebt."[367]

Die Durchquerung historischer Raumordnungen ist zugleich eine Passage durch überblendete Zeitebenen und historische Diskurs- und Diskussionsräume. Venators Gang durch Berlin führt ihn von den Barrikaden der Märzrevolution bis zum Zeitalter totalitärer Destruktion, vom Preußentum und seiner Prominenz bis zum Kreis der ‚Freien' um Max Stirner und Bruno Bauer, deren antibürgerlicher Bohème-Geist ihm zur Inspirationsquelle der eigenen Ortung des Anarchen wird.[368] Mit dem Hyperrealismus des Luminars bewegt sich Jünger auf der Höhe der zeitgenössischen medienphilosophischen Debatten:[369]

> „Im Zeitalter der Simulation wird die Frage nach der Grenze zwischen Original und Abbild, zwischen Identität und Nichtidentität grundsätzlich fließend."[370]

---

365 Ebd., S.123.
366 Ebd., S.343.
367 Ebd., S.353.
368 Vgl. Eum, S.358-370.
369 Vgl. z.B. Jean Baudrillard: Die Simulation. In : Welsch 1988, S.153-162.
370 Renner 1995, S.266f.

Zugleich geht die Technologie des Luminars aber nicht in einer rein virtuellen Simulation des Gewesenen auf, sondern schließt auch an Konstellationen der Geschichte der technischen Medien in der Moderne an.

> „Unsere Kneipen und Großstadtstraßen, unsere Büros und möblierten Zimmer, unsere Bahnhöfe und Fabriken schienen uns hoffnungslos einzuschließen. Da kam der Film und hat diese Kerkerwelt mit dem Dynamit der Zehntelsekunde gesprengt, so daß wir nun zwischen ihren weitverstreuten Trümmern gelassen abenteuerliche Reisen unternehmen. Unter der Großaufnahme dehnt sich der Raum, unter der Zeitlupe die Bewegung."[371]

Benjamin beschreibt den Film als progressives Instrument einer Entautomatisierung der Wahrnehmung. Das Arsenal kinematographischer Manipulationsmöglichkeiten destruiert gängige Erfahrungsmuster und Wahrnehmungszusammenhänge, deformiert die Raum- und Zeitorientierung und eröffnet den Blick in gänzlich neue „Strukturbildungen der Materie."[372]

Nachklänge dieser Erfahrungen scheinen auch im Luminar auf. Raum- und Zeitmuster werden manipuliert, die Kontinuität der Geschichte gesprengt und multiple Perspektiven verfügbar gemacht:

> „Die Tage und Nächte am Luminar führen in ein Labyrinth, in dem ich mich zu verlieren fürchte; das Leben ist dafür zu kurz. Aber welche ungeheure Dehnung gewinnen Zeit und Zeiten, tritt man durch die enge Pforte in sie ein."[373]

Führt bei Benjamin der Film aus der überkommenen Ordnung klaustrophobischer Räume heraus, so stellt sich das Luminar als Innenraum dar, in den man zwar eintritt, zugleich aber den Raum der geschichtlichen Zeit verlässt.

„Das Luminar ist eine Zeitmaschine, die zugleich die Zeit aufhebt; es führt aus ihr hinaus."[374]

---

371 Benjamin I.2, S.499f.
372 Ebd.
373 Eum, S.106.
374 Ebd., S.401.

Analog zum Film entfaltet sich ein medientechnisches Destruktionspotential, das Ordnungsmuster und Zusammenhänge in Trümmerlandschaften zerlegt, in denen nomadische Bewegungsformen möglich werden. So stellt das Luminar das Zentrum der Geschichtsarbeit Martin Venators dar: Entfernte Bilder treten aneinander, Zeitebenen durchdringen sich, Analogiebildungen und historische Szenerien werden als Kraftfeld erfahrbar, das Assoziationen von elektrischem Strom und Entladung auslöst.

„Ich spüre ein Knistern, dann ein Leuchten: das ist die historische Aufladung in ihrer ungebrochenen, unaufgeteilten Macht."[375]

Zugleich erscheint die Geschichtsarbeit nicht nur als Rezeption, sondern als ästhetische Praxis der Konstruktion von Zusammenhängen, in die alle Formen von Informationsspeichern eingebunden werden.

> „Etwa die Chronik von Perugia des Matarazzo, die Geschichte einer Stadt unter Städten in einem Land unter Ländern – ich lasse dazwischen Bilder der etruskischen Tore, des Chors des Pisano, der Baglioni, des Pietro Perugino, des zwölfjährigen Raffael einblenden. Schon dieser Ausschnitt führt ins Uferlose."[376]

Als virtuelle Medientechnik führt das Luminar nicht über die ‚Gutenberggalaxie' hinaus, sondern umfasst sie gewissermaßen als ganze und integriert das Schriftparadigma in eine technologisch gestützte Anschauungsform, die das Detail zum Mittelpunkt rhizomatischer Vernetzung macht.

> „Das Luminar bietet auch den Vorteil, daß man blitzartig Details aus dickleibigen Folianten wie etwa der ‚Geschichte der Stadt Athen im Mittelalter' herausgreifen kann."[377]

Der technischen Seite des Luminars korrespondiert dabei eine kultische. Sein Personal erscheint als eine Art Orden, ausgestattet mit speziellen

---

375 Eum, S.106.
376 Ebd.
377 Ebd., S.144.

Fähigkeiten und hierarchisch gegliedert.[378] Die Sitzungen gleichen intimen Seancen, Visualität steht in ihrem Zentrum.

> „Bei der Beschwörung bin ich auf völlige Stille angewiesen – dort das Objekt und hier das Auge in einsamer Vermählung; die Gegenwart eines Dritten würde eine obszöne Note hereinbringen."[379]

In den bildlichen Simulationen wird die textuelle Verfassung der Historiographie aufgehoben und in Sphären einer unmittelbaren Erfahrbarkeit überführt. Das Luminar führt zurück in eine Zeit vor der babylonischen Verwirrung. Vergangenheit wird so in jeder ihrer Verästelungen topographisch zugänglich.

> „Der Turm zu Babel wurde in seine Ziegel zerlegt, verziffert und wieder aufgebaut. Ein Frage- und Antwortspiel führt in die Stockwerke, die Kammern, die Einzelheiten ihrer Einrichtung."[380]

Es scheint, als ob mit den medientechnischen Simulationen des Luminars „Vergangenheit in jedem ihrer Momente zitierbar geworden"[381] sei. Bei Jünger ist dieser Zustand allerdings keiner der Erlösung, sondern führt tiefer in eine Traumverfassung, führt „in die Labyrinthe einer Opiumnacht."[382]

---

378 Vgl. ebd., S.340.
379 Eum, S.324.
380 Ebd., S.345.
381 Benjamin I.2, S.694.
382 Eum, S.341.

4.7 Raumordnungen II: Peripherie

Nicht nur Stadt und Kasbah bilden eine topographische Polarität, auch der Wald und die Katakomben sind Sphären, die als Teile einer allegorischen Raumordnung aufeinander bezogen werden. In den Katakomben wird dabei eine fortgeschrittene Technik angesiedelt, die durch ein „kleines, selbstherrlich gewordenes Personal"[383] entwickelt wird und in Assoziationen der Kernphysik vorgestellt wird.[384] In den Katakomben herrscht zwar ein „subterranes Wesen"[385], doch liegen sie nicht in tieferen Erdschichten:

> „Zwar sind die Katakomben unterirdisch, doch wölben sie sich mit den Gebirgen empor. So entstehen Kegel, die wie Termitenstöcke gekammert und abgedichtet sind. Von dort, und das erinnert sowohl an Fourier wie an die Kabbala, wird das Zwischenfeld beherrscht. Das stärkste dieser Forts, der Rhadamantos, dient zugleich als Satellitenkopf."[386]

In Eumeswil scheint es, als sei die technologische Entwicklung vollständig von gesellschaftlichen Strukturen entkoppelt worden. Lediglich Nebenprodukte einer Forschung, die in Grenzbereiche einer „unmittelbaren Verwirklichung von Gedanken"[387] vorgestoßen ist, finden, wie ein ominöser „Blinkstift"[388] und die „thermischen Ringe"[389], Eingang in die Eumeswilsche Lebenswelt. Genaueres über die Richtung der Forschung und der entwickelten Technologie entzieht sich längst der allgemeinen Kenntnis; gelegentlich werden mächtige Wirkungen frei, die „eine Art von Lähmung"[390] im städtischen Leben hervorrufen, indem eine Strahlung die materielle Welt transparent macht.[391]
Mit dem Verschwinden der Technologie in den Katakomben, ihrer Abwanderung in eine unsichtbare Parallelwelt, von der aus sie nur noch

---

383 Eum, S.70.
384 Die Rede geht von „plutonische[r] Verdichtung" (Eum, S.70) und „plutonischen Ausbrüchen" (Ebd., S.96).
385 Eum, S.266.
386 Ebd., S.405.
387 Ebd., S.89.
388 Ebd., S.70.
389 Ebd., S.157.
390 Ebd., S.394.
391 Vgl. ebd., S.394.

periphere Kontakte zur Außenwelt unterhält, erreicht Jünger einen exzentrischen Punkt seiner Auseinandersetzung mit Technik. Den weit entfernten Korrespondenzpunkt zu *Eumeswil* bildet in dieser Beziehung der Essay *Der Arbeiter* aus dem Jahre 1932. Hier entwirft Jünger im Gestus eines panoramaartigen Epochenüberblicks die Vision der im Zeichen der ,Gestalt des Arbeiters' mobilisierten technischen Gesellschaft der Moderne. Ausgehend von Detailbeobachtungen der Großstadtzivilisation, entziffert Jünger den epochalen Charakter in einer universalen Totaldeutung als allumfassenden Formierungs- und Mobilisierungsprozess:

Es herrscht ein Zustand der totalen Einbeziehung des Individuums in funktionale Gefüge, Verflechtungen und zwingende, unaufkündbare Verhältnisse, wie sie für die Strukturen der Produktion, des Verkehrs, der Berufs- und Lebenswelt und der technischen Infrastruktur in der Moderne charakteristisch sind. Hinter der „Steigerung der sachlichen Zusammenhänge, von denen der Einzelne in Anspruch genommen wird"[392], steht für Jünger ein „totaler Arbeitscharakter"[393], die „Mobilisierung der Welt durch die Gestalt des Arbeiters"[394], die in der Vernichtung von Individualität und Entscheidungsfreiheit durch die kalten, sachlichen Notwendigkeiten einer zur Totalität tendierenden, sich dynamisch entfaltenden technischen Landschaft sinnfällig wird.

> „Die Aufgabe der totalen Mobilmachung ist die Verwandlung des Lebens in Energie, wie sie sich in Wirtschaft, Technik und Verkehr im Schwirren der Räder oder auf dem Schlachtfelde als Feuer und Bewegung offenbart."[395]

Die Technik, als „Art und Weise, in der die Gestalt des Arbeiters die Welt mobilisiert"[396], ist nicht länger Mittel zum Zweck oder Gegenstand von Fortschrittsoptimismus, sondern Teil einer schon sichtbaren „organischen Konstruktion"[397], in deren Gefüge der Mensch als Objekt, als

---

392 Jünger, SW 8, S.131.
393 Ebd., S.107.
394 Ebd., S.169.
395 Ebd., S.224.
396 Ebd., S.160.
397 Ebd., S.191.

Medium einer notwendigen   Entwicklung mit dem Werkzeug verschmolzen wird.

Die ‚organische Konstruktion' als Zielpunkt dieser Entwicklung bildet
eine statische, stählerne Ordnung, „ein Gebilde kristallischer Art"[398], in
dem der Einzelne als funktionaler Wert eines gigantischen technisch-
wissenschaftlichen Apparates festgeschrieben wird. Das Individuum
verschwindet in der „Totalität des technischen Raumes"[399], es weicht
dem „metallisierten Bewußtsein"[400] des Arbeiter-Typus, der einen um-
fassenden Arbeitsplan verwirklicht und dabei „selbst durch die Aussicht
der völligen Vernichtung und der Hoffnungslosigkeit seiner Anstren-
gungen nicht zu erschüttern ist"[401].

„Selbstverdinglichung nimmt dem Menschen jeden eigenen Wert,
panzert ihn aber gegen die Angst."[402]

Vorstellungen von soziokulturellen Kristallisationsprozessen prägen
bereits Jüngers Texte der Moderne. In den dreißiger Jahren finden sie
aber ihren Ort noch im Kontext von Avantgarde-Projekten und deren
„forciert *kairologische[r]* Zeitschematisierung, die alle historischen Wider-
sprüche auf einen finalen Gegensatz zulaufen sieht [...]."[403] Denn die
Avantgarde zehrt noch von einem „Pathos des Futurs"[404] und formuliert
einen Gestaltungswillen, der um Visionen gesellschaftlicher Entdif-
ferenzierung und „*Retotalisierung*"[405] zentriert ist, und den auch Jünger in
Form einer integrativen, synthetischen und technizistischen Totalformie-
rung aller gesellschaftlichen Ressourcen und Systeme in die Zukunft
ausgreifen lassen will. Während die Avantgarde in der „Utopie einer
sozialen Totalorganisierung"[406] Geschichte revolutionär, gleichsam von
außen an ihr Ende zwingen will, schlägt die Perspektive des Posthistoire
vor dem Hintergrund des Endes aller zukunftsaffirmativen Konzepte in
Beobachtungen von Sedimentationsprozessen um.

---

398 Ebd., S.147.
399 Ebd., S.181.
400 Bolz 1989, S.165.
401 Jünger, SW 8, S.182.
402 Bolz 1989, S.166.
403 Plumpe 2001, S.9. Hervorh. i. Orig.
404 Plumpe 2001, S.11.
405 Ebd., S.10. Hervorh. i. Orig.
406 Ebd., S.11.

So nähert sich die Technik in Eumeswil zwar einem imaginären End-zustand an, trotzdem ist sie von einer fern entrückten, traumartigen Irrelevanz gekennzeichnet.

> „Übrigens ist die Technik unzuverlässig, obwohl ein Stab von Elektrikern und anderen Handwerkern zur Verfügung steht. Manchmal will es mir scheinen, als würde sie auf traumhafte Weise herangeholt und wieder ver-nachlässigt. Jedenfalls nimmt man sie nicht mehr so wichtig; und selbst der Domo scheint ein juste milieu der technischen Perfektion vorzu-ziehen."[407]

In *Eumeswil* sind die Katakomben kein Bestandteil einer zusammen-hängenden urbanen Topographie mehr, wie sie Benjamin im Paris der Moderne beschrieben hat. Sind Stadt und Katakomben in Eumeswil auch auseinandergerückt, so bleibt doch die Unterweltverfassung eines „mythischen Traditionsraums"[408] in den Katakomben erhalten, durch den die Gestalten der Gegenwart, hier eine traumgesättigte Technologie der Grenzbereiche, mit Signaturen der Mythologie durchsetzt er-scheinen.
„Im Wald soll eine neue Isis gezeugt, durch die Unterirdischen Pro-metheus vom Kaukasus befreit werden."[409]
Zugleich wird die topographische Großraumordnung in den Figuren-konstellationen gespiegelt, das Personal des Romans fügt sich zu einer geometrischen Ordnung.

> „Bruno hat Zutritt zu den Katakomben und ist hinsichtlich der Kenntnis der eigentlichen Mächte weniger Vigo als Attila vergleichbar, der in den Wäldern gewesen ist."[410]

„So scheint mir in Eumeswil Vigo für den Wald, Bruno für die Kata-komben prädestiniert."[411]
Während Attila selbst in den Wäldern war, ist es der Domo, „dem eher die Katakomben angemessen sind [...]."[412] Auch der Deutungshorizont

407 Eum, S.236.
408 Benjamin V.1, S.134.
409 Eum, S.382.
410 Ebd., S.96.
411 Ebd., S.384.

des Essays *An der Zeitmauer*, die polare Konstellation von Göttern und Titanen als Mächte des geschichtlichen und des außergeschichtlichen Raumes, findet in Form der Figurenkonstellation Eingang in *Eumeswil*: „Vigo ist den Göttern und Bruno den Titanen zugewandt; dem Wald der eine, der Unterwelt der andere."[413]

Die Zivilisation von Eumeswil endet am „undurchdringlichen Südwald"[414], den der Text als Projektionsfläche geheimnisvoller Transmutationen und als Quelle der Faszination des Erzählers vorstellt.

> „Daß der Wald Überraschungen birgt, ist nicht zu bezweifeln; hin und wieder werden neue Tiere und häufig neue Pflanzen von den Rändern eingebracht."[415]

Wald und Wüste bilden ein unbekanntes und geheimnisvolles Terrain, das zum historischen Leerlauf, der in Eumeswil herrscht, in starken Kontrast tritt. Attila berichtet von einer Flora und Fauna, die dort durch eine entfesselte Schöpfungspotenz der Natur Gestalten hervorgebracht hat, die die klassifikatorischen Ordnungssysteme der mathesis universalis sprengen.

> „Dann sah ich Pflanzen und Tiere, darunter solche, die mir fremd waren. Manche gemahnten an Bilder aus alten Fabelbüchern, als hätte ein Demiurg sie zusammengeflickt."[416]
>
> „Ganz fremde Arten hatten sich verkuppelt und Früchte gezeugt, vor denen selbst ein Linné verzweifelt wäre, hätte er sie gesehen."[417]

An den Peripherien der Zivilisation hat eine Katastrophe die Ordnung der biologischen Welt durcheinander gebracht. Jüngers Utopie evoziert einen postapokalyptischen Zustand „nach den Feuerschlägen"[418] einer Nuklearkatastrophe:

---

412   Ebd., S.426.
413   Eum, S.71.
414   Ebd., S.51.
415   Ebd., S.52.
416   Ebd., S.418.
417   Ebd., S.419.
418   Ebd., S.50.

„Auf den Mauern zeichneten sich Silhouetten von Palmen, Kamelen und Menschen ab als Schattenwurf der Strahlung, der die Glut folgte. Von einem Bohrturm hing das obere Gestänge herab, als ob eine Fontäne erstarrt wäre. Die Mündung einer Kanone war wie die eines Schlauches abgebogen; stählerne Tropfen lagen unter ihr im Sand."[419]

In Jüngers Text erstreckt sich die Reichweite menschlicher Technologie bis in den Bereich der genetischen Ordnung der Natur, ihre Eingriffe deformieren die Schöpfung und die biologischen Grundlagen der Existenz. Techniken der Manipulation des Genoms bilden zugleich Passagen, die die Gestalten aus Naturgeschichte, Historie und Mythos innerhalb einer topographisch vorgestellten Ordnung verbinden:

> „Uns war es, wenn ich es so nennen darf, geglückt, Riesenwuchs hervor-
> zutreiben, vielarmige Wesen wie indische Götter, vielbrüstige Frauen wie
> die Diana von Ephesus. Wir hatten uns durch genetische Labyrinthe zur
> Auferweckung von Vorfahren hindurchgetastet, die nur aus Schiefer-
> brüchen und Mergelgruben bekannt waren."[420]

Während Ransmayrs nachmoderne Utopie einen Zustand imaginiert, in dem in einer „Abfolge von Zerfallsstadien"[421] die Überreste menschlicher Historie dem natürlichen Zersetzungs- und Verfallsprozess anheim fallen und Geschichte in Naturgeschichte einmündet, „in die Natur hineinwandert"[422], verfährt Jüngers Text hier anders: Die Sphäre des Waldes eröffnet in Attilas Bericht den Horizont einer ambivalenten Erfahrung:
Einerseits wird auch die vegetative Natur historischen Auflösungsprozessen unterstellt und Gestalten der Mythologie werden mutationstechnisch aus der Transzendenz ins Diesseits gezwungen. Weder die zeitlosen Signaturen des Mythos noch eine garantierte Ordnung der Natur bieten einer nachgeschichtlichen Epoche letzte Orientierungspunkte.

---

419 Ebd., S.417f.
420 Ebd., S.419.
421 Knoll 1997, S.219.
422 Ebd. Dass Heike Knolls Lektüre von *Morbus Kitahara* ist eine Benjamin-Lektüre vorangegangen ist, scheint auch im Folgenden durch: „Und eben dies – daß es so weiter geht ad infinitum – ist die eigentliche Katastrophe." (Knoll 1997, S.220).

„Denn insgesamt hat auch der mythische Raum keinen Bestand, er ist selbst einer Geschichte unterworfen, die alles auflöst."[423] Andererseits stellt der Wald in seiner traumlogischen Verfassung eine Vision von einer gänzlich anderen Existenzform dar. Diesem Fremden gilt der Auszug aus Eumeswil, jene „Groß[e] Jagd"[424], zu der die Herrscherclique mit Venator an ihrer Seite am Ende des Romans aufbricht und von der sie nicht mehr zurückkehren wird. Das Unternehmen gleicht einer ‚rite des passage', einer zeremoniellen Schwellenüberschreitung, „Wandel, Übergang"[425] in eine Zone, in der ein „Gestaltenwandel des Traums"[426] regiert.

In der topographischen Großraumordnung von Eumeswil, die in Attilas Bericht durchscheint, bildet der Wald letztlich eine Passage in die Zukunft hin zu „ahistorischen Landschaften"[427], in denen degenerierte Kreaturen, „Schwindlinge"[428], eine archaische Existenz inmitten nachgeschichtlicher Trümmerstätten führen.

> „Eines der Symbole geschichtsloser Räume ist die Deponie. Der Raum wird durch den Abraum bedroht. Der Schutt wird nicht mehr bewältigt wie in den Kulturen; er überwuchert die Bildungen. Wenn ein Schiff scheitert, treiben die Trümmer an den Strand. Der Mast, die Planken werden zum Bau von Hütten oder als Brennholz verwandt. So lebt man auf und von den Deponien --- zwischen Schutthalden, die man ausbeutet. Der nackte Hunger folgt vergangenem Reichtum und seinem Überfluß. Der Zuwachs hält nicht mehr Schritt."[429]

---

423 Renner 1995, S.268.
424 Eum, S.425.
425 Benjamin V.1, S.618.
426 Ebd.
427 Eum, S.422.
428 Ebd., S.423.
429 Ebd., S.422f.

5. Morbus Kitahara

> „Zwei Tote lagen schwarz im Januar Brasiliens. Ein Feuer, das seit Tagen
> durch die Wildnis einer Insel sprang und verkohlte Schneisen hinterließ,
> hatte die Leichen von einem Gewirr blühender Lianen befreit und ihnen
> auch die Kleider von ihren Wunden gebrannt: Es waren zwei Männer im
> Schatten eines Felsüberhanges. Sie lagen wenige Meter voneinander
> entfernt in menschenunmöglicher Verrenkung zwischen Farnstrünken."[430]

Am Schauplatz des ersten Bildes von *Morbus Kitahara*, Beginn des
Romans und zugleich letzte Station seiner Figuren, fallen die Kategorien
von Zeit und Raum ineinander, denn „[d]er Janeiro Brasiliens ist nicht
nur ein Sommermonat, er bezeichnet zugleich eine bestimmte Region."[431]
In einer letzten Synthese werden jene beiden Koordinaten verschmolzen,
deren komplexes Beziehungsgeflecht den Text organisiert.
Ransmayr erzählt seinen Roman vom Ende her. Er lässt seine Figuren
verschwinden, indem er ihre physischen Überreste in die vegetative
Welt einrückt, bevor er sie dem elementaren Verfallsprozess übergibt,
einer triumphierenden Choreographie, als deren Subjekt die Natur selbst
in Erscheinung tritt:

> „Das Feuer loderte über die Toten hinweg, löschte ihre Gesichtszüge,
> entfernte sich prasselnd, kehrte im Sog der eigenen Hitze noch einmal
> wieder und tanzte auf den zerfallenden Gestalten [...]."[432]

Die raumgestaltenden Kräfte der Natur bahnen sich nicht nur „einen
rauchenden, verrückten Weg durch die Wildnis"[433], sondern bemäch-
tigen sich auch des Körperraums selbst, den sie in ein „Labyrinth der
Käfer, Larven und Fliegen"[434] verwandeln.
Das finale Verschwinden der Figuren im Raum der Natur wird beglau-
bigt durch den Kartographen und seinen „Eintrag, der auf seiner Karte
unter dem Namen der Insel stand: *Deserto*. Unbewohnt."[435] Auch nach

---

430 MK, S.7.
431 Honold 1999, S.258f.
432 MK, S.7.
433 Ebd., S.8.
434 Ebd., S.7.
435 Ebd.., S.8.

ihrer Flucht aus dem nachzivilisatorischen Moor fallen die Figuren aus dem Raum der Zivilisation heraus.

Ransmayrs Roman „beginnt und endet exzentrisch, auf der anderen Seite der Welt."[436] Das Bild des Feuers, dem die sterblichen Überreste der Figuren anheim fallen, markiert aber zugleich die äußersten Punkte des zeitlichen Raumes, den der Roman umfasst. Denn die Geburtsstunde Berings, des Protagonisten des Romans, fällt in die einzige „Bombennacht von Moor"[437], in der Berings Mutter selbst nur knapp dem Feuertod entgeht.

Die Vorwegnahme des Endes macht den Roman zu einer Vorgeschichte, denn jede Erzählbewegung wird daran arbeiten, diesen letzten Schauplatz in einem Bogenschlag wieder einzuholen.[438] Wenn das Posthistoire den Raum einer zukünftigen Entwicklung negiert, so hat diese Konstellation auch in die Grundstruktur des Romans Eingang gefunden.

---

436 Honold 1999, S.258.
437 MK, S.9. Hervorh. i. Orig.
438 Im Grunde liegt dieselbe Konstruktion auch Jüngers Roman zugrunde, nur erfährt der Leser dort erst am Schluss, dass es sich bei dem Text um Papiere eines Verschollenen handelt.

5.1 Naturräume

Auf die offensichtliche zirkuläre Konstruktion des Romans ist schon oft hingewiesen worden.[439] Die Wiederannäherung an den Ausgangspunkt, in der das Dilemma der Figuren zum Ausdruck kommt, die Unmöglichkeit nämlich, der Vergangenheit durch räumliche Entfernung zu entkommen, vollzieht sich dabei auch in den topographischen Bildkonstruktionen des Textes. Dem Finale auf der Hundeinsel entspricht die insulare Existenz Moors, die es mit Eumeswil teilt. Seine Begrenzung verdankt es einem unzugänglichen, menschenfeindliches Gebirge, dem ‚Steinernen Meer', Barriere schlechthin und beinahe unüberwindlich wie die See, deren Namen es trägt.

Mit dem österreichischen Salzkammergut liegt auch Moor, dem zentralen Schauplatz von *Morbus Kitahara*, und der steinernen Bergwelt, von der es umschlossen wird, eine realgeographische Landschaft zugrunde.[440] Diesen topographischen Raum setzt Ransmayrs Text mit weiten Panoramaperspektiven in Bilder, die den Blick in die Erhabenheit eines zeitlosen und zerklüfteten, schroffen und menschenfeindlichen Bergmassivs führen.

> „Mächtiger als alles, was aus Moorer Sicht von der Welt zu sehen war, erhob sich über dem Steinbruch das Gebirge. Jeder Geröllstrom, der aus den Eisregionen herabfloß und sich im Dunst verlor, jede Kluft und von Dohlen umschwärmte Öffnung einer Schlucht führte tiefer in ein Gesteinslabyrinth, in dem sich alles Licht in aschgraue Schatten und blaue Schatten und Schatten in den vielen Farben der anorganischen Natur verwandelte."[441]

Das Fundament dieser überwältigenden alpinen Bergwelt bilden Steinbruchterrassen, die dem fernen Betrachter als „Riesentreppe aus

---

439   „Der Ort in Brasilien, an den Bering, seinen Herrn begleitend, die Maschinen des Steinbruchs transportieren wird, heißt *Pantano*: Sumpf, sumpfige Wildnis, Feuchtgebiet – *Moor*." Liessmann 1997, S.154. Hervorh. i. Orig.
440   Am österreichischen Traunsee bei Gmunden verbrachte Ransmayr Teile seiner Kindheit. In der Region liegt außerdem Ebensee, eine Außenstelle des KZ Mauthausen, in dem Steinbrucharbeiten stattfanden. Vgl. Honold 1999, S.261f.
441   MK, S.32.

Granit"[442] erscheinen. So täuscht das gigantische Landschaftsbild beinahe darüber hinweg, dass die „ungeheure[n] Stufen, die aus den Wolken ans Ufer"[443] hinabführen, als Teile eines ehemaligen Zwangsarbeitslagers von einer nahen Vergangenheit zeugen, deren Spuren „untrennbar verwachsen sind mit der Landschaft selbst."[444]

Ransmayr hat mit *Morbus Kitahara* eine literarische Landschaft erschaffen, in der die Zeit vielfältig in die Formationen und Gestalten des Raumes eingelagert zu sein scheint. Zeitliche und räumliche Koordinaten werden verschoben und eine Wirklichkeit konstruiert, die einer Kollage und Überblendung zeit- und kulturgeschichtlicher Fragmente, Bilder und Szenen gleicht. So entsteht eine „Geschichtslandschaft"[445], die zum Schauplatz einer imaginären Nachgeschichte deutschösterreichischer Vergangenheit wird.

„In einer Art Doppelperspektive werden zwei Orte, zwei Zeitbezüge zugleich vergegenwärtigt."[446]

Der Text setzt ein mit dem Ende totalitärer Gewaltherrschaft in einer Nachkriegszeit, deren Imagination aus den Arsenalen der Bilder, Narrative und Topoi des kollektiven Gedächtnisses gespeist wird: Späte Heimkehrer und Flüchtlingsschicksale, Alliierte Besetzung und Schwarzmarkt, Demontage, Carepakete und Reeducation werden als Elemente in eine Erzähllandschaft eingebracht, in der die deutsche Nachkriegssituation und die historischen Folgen nationalsozialistischer Herrschaft unverkennbar präsent sind, zugleich aber auf signifikante Weise deformiert und entstellt werden.

So werden den Besiegten im Zuge der Erinnerungspolitik groteske Sühnerituale, „sinnentleerte, symbolische Akte"[447] verordnet, in denen die Szenen der Gewaltherrschaft authentisch nachgestellt werden müssen. Umerziehungsprogramme sind in Filmen, Plakaten und Veranstaltungen omnipräsent und Sühnegesellschaften veranstalten auch Jahrzehnte nach Kriegsende noch Büßerprozessionen.[448]

---

442 Ebd.
443 MK, S.32.
444 Honold 1999, S.252.
445 Ebd., S.253.
446 Ebd., S.258.
447 Knoll 1997, S.217.
448 Ransmayrs Bilder einer grotesk überformten und monumentalisierten Sühnepolitik haben ihm viel Schelte von Seiten der Kritik eingetragen, weil dahinter die Schrecken der Nazi-Barbarei verblassen würden. Vgl. z.B. Ulrich Greiner: Eisen, Stein und Mar-

Aus den Ruinen der vergangenen Gewaltherrschaft selbst wird unter dem Kommando des Besatzungsoffiziers die historische Schuld der Besiegten in Form überlebensgroßer Lettern der steinernen Natur eingeschrieben:

> „Jeden Buchstaben groß wie einen Menschen. Jeden Buchstaben als frei-stehende, gemauerte Skulptur aus den Trümmern des Barackenlagers am Schotterwerk, aus den Fundamenten der Wachtürme und den Stahlbeton-splittern eines gesprengten Bunkers...So hatte Elliot nicht nur eine aufgegebene Halde des Steinbruchs, sondern das ganze Gebirge in ein Denkmal verwandelt."[449]

Vergangenes wird auf diese Weise in die elementare Raumordnung überführt, in naturgeschichtlichen Dimensionen aus der Zeit gehoben und verewigt.

> „Die Last der Geschichte türmt sich als ein opaker, massiver Block, unter dem die Nachgeborenen ausharren; geduckt, beklommen und fassungs-los."[450]

Trotz dieser Bemühungen, Monumente von Ewigkeitswert zu schaffen, werden das Jüngstvergangene und seine Überreste von den zeitgesät-tigten Naturformationen überragt und in den Schatten gestellt. Wer den Weg über vergessene Pässe des Steinernen Meeres hinab nach Brand ins Tiefland nimmt, stößt auf Spuren, „Überreste eines prähistorischen Meeres"[451], die davon zeugen, dass der Name des Gebirges nicht nur eine insulare Raumordnung, sondern eine geologische Formation erfasst:

---

mor. Christoph Ransmayrs neuer Roman ‚Morbus Kitahara'. In: Die Zeit (13.10.1995). Dem wäre entgegenzuhalten, dass der Roman auch das fundamentale Scheitern dieser Politik zeigt, wenn sich trotz aller Geschichtsdidaktik und der permanenten Präsenz von Schuld- und Sühneformeln jene Frage Berings an Ambras noch nicht erübrigt hat: *„Warum hat man euch damals ins Lager gebracht?"* (MK, S.213. Hervorh. i. Orig.).

449 MK, S.33.
450 Honold 1999, S.254.
451 MK, S.302.

„Beladen wie ein Häuflein Überlebender, das die letzten Reste und Hab-
seligkeiten einer untergegangenen Karawane mit sich schleppt, zogen die
Reisenden nach Brand über den Grund eines verdampften Meeres, dessen
Seegraswiesen, Muschelbänke, Korallenriffe und Abgründe in einem
Weltalter jenseits aller Menschenzeit von einer katastrophalen tekto-
nischen Gewalt emporgehoben, den Wolken entgegengestemmt und im
Verlauf von Äonen in die Gipfel und Eisfelder eines Gebirges verwandelt
worden waren."[452]

Ransmayr lässt seine Figuren in der Weite und Tiefe zeitloser paläon-
tologischer Formationen verschwinden und nähert sich damit Jüngers
posthistorischer Perspektivumstellung von Menschen- auf Erdgeschichte
an. Versteinerungen und Kristallisationen des Organischen in der Zeitlosigkeit der Materie bilden zentrale Motive beider Romane.

„Der Bernstein enthielt einen organischen Einschluß von seltener Schönheit, eine Florfliege, die im Aufschwirren von einem Harztropfen über-
rascht worden und darin erstarrt war. [...] *wie alt?*, auf welches Alter
schätzte er diese Fliege im Stein? [...] ‚Vierzig Millionen', sagte der
Hundekönig. ‚Vierzig Millionen Jahre.'"[453]

In beiden Texten richtet sich der Blick auf Bruchstücke der Welt, in
denen sich Erdzeitalter spiegeln. Die Wahrnehmung stellt dabei von
Visualität auf eine eigentümlich taktile Erfahrung um, in der die Figuren
als Inseln organischer Wärme inmitten einer Wirklichkeit erkalteter
Materie erscheinen.

„Wenn ich ein Fossil, etwa einen Trilobiten auf die Hand nehme – man
findet hier in den Steinbrüchen vorzüglich erhaltene Exemplare – dann
bannt mich der Eindruck mathematischer Harmonie. [...] Vor wieviel
Millionen Jahren mag dieses Wesen ein Meer belebt haben, das nicht mehr
besteht? Ich halte seinen Abdruck, ein Siegel unvergänglicher Schönheit,
in der Hand. Auch dieses Siegel wird einmal verwittern oder in künftigen
Weltenbränden verglühen. [...].

---

452 Ebd., S.304.
453 Ebd., S.258f.

Ich fühle meine Hand warm werden. Wenn das Wesen noch lebte, würde es meine Wärme spüren wie die Katze, deren Fell ich streichle. Doch auch der Stein, in den es sich verwandelte, kann sich dem nicht entziehen; die Moleküle dehnen sich. Ein wenig mehr, ein wenig stärker: es würde sich wie im Wachtraum regen in meiner Hand."[454]

Auch Bering tritt durch die Erfahrung von Taktilität und Wärmeaustausch in ein Verhältnis zu den Fragmenten der anorganischen Erstarrungsprozesse, die die geometrischen Formen der Edelsteine hervorgebracht haben. Die Schönheit der zeitlosen Einschlüsse bildet dabei einen Kontrast zum desolaten Zustand der Welt Moors und wird zugleich zu einer Erfahrung des Ausgeschlossenseins.

„Aber wenn der Hundekönig ihm dann ein Stück zur Betrachtung überlässt und der Stein sich in seiner Hand erwärmt, glaubt er, nicht nur den filigransten Einschluß, sondern die Lichtbrechung selbst zu *spüren*. Auch wenn ihm seine Sehstörung die schwebenden Gärten im Inneren der Steine verdunkelt, weiß er dann doch, wovon Ambras mit einer solchen Begeisterung spricht."[455]

Die Überreste jüngster menschlicher Geschichte treten wie archäologische oder paläontologische Fundstücke, wie geologische Ablagerungen neben die Zeugnisse der Erdgeschichte.

„Auf dem Tisch lagen Tauschwaren verstreut, ein blankgeschliffenes Bajonett, Schulterspangen, Gürtelschnallen, ein silberner Adler im Sturzflug, Orden – Fundstücke aus den oberen Erdschichten ehemaliger Schlachtfelder, dazwischen aber auch ein in Bernstein eingeschlossener Käfer, rohe Smaragde, Rauchquarze, Perlmutt, Fossilien aus dem Steinernen Meer."[456]

454 Eum, S.35.
455 MK, S.265. Hervorh. i. Orig.
456 Ebd., S.355.

So herrscht in Moor ein Zustand der Zeitdehnung. Räumliche Sedimen-
tations- und materielle Verfallsprozesse machen die Überreste des
Jüngstvergangenen zu „versunkenen Insignien"[457] und rücken die
Vergangenheit in die Ferne einer „unfaßbare[n] Erinnerung"[458].
In *Morbus Kitahara* werden Gedächtnisräume materialisiert: Einer ver-
blassenden Erinnerung korrespondieren Bilder der Dinge der Vergangenheit, die sich in die materielle Welt einlagern. Der „Krieg mit seinen
Toten [sinkt] von Jahr zu Jahr tiefer in die Erde" und die eisernen Relikte
der Industrieepoche sind „vom Rost gebräunt, mache schon tief einge-
sunken in den weichen Grund."[459] Gedächtnisspuren erscheinen in Moor
als materielle Furchen, die die Gegenstände in einer letzten Bewegung
der Welt eingeschrieben haben, bevor sie erstarrt oder verschwunden
sind. Die Kindheitserinnerung an die Relikte einer motorisierten Welt
hatte „[i]n Berings Gedächtnis [...] tiefere Spuren hinterlassen als auf
den Schlammwegen Moors [...]."[460] Und das Interieur der Villa Flora
zeugt in konservierten Abdrücken vom Übergang einer ehemals pracht-
vollen Dingwelt in einen Zustand der Statik, in dem Bewegung nur noch
als Zersetzungsprozess möglich ist.

„Unter einer verdorrten Palme am Fenster stand der seit Jahrzehnten
geschlossene Flügel. [...] Eines der Messingräder an seinen gedrechselten
Füßen war wohl bei dem Versuch, das Instrument als Beutestück aus dem
Salon zu rollen, abgebrochen. Die Spuren dieser letzten Bewegung waren
eingegraben ins Parkett. Seither stand der Flügel ein wenig schief und
unverrückbar an seinem Ort."[461]

Zugleich zeugt der Vorgang von einer Elementarisierung und Materiali-
sierung von Schriftprozessen, die im Roman mit der Bildung kollektiver
Erinnerungsmuster verschaltet wird.

---

457 Ebd., S.109.
458 Ebd.
459 Ebd., S.52. „[I]mmer noch bezogen die Bewohner des Seeufers [...] die meisten ihrer
    Maschinen und Ersatzteile von den Schrottplätzen der Armee oder aus Eisengärten wie
    jenem, der auf dem Schmiedhügel tiefer und tiefer in die verwilderte Erde sank." (Ebd.,
    S.229).
460 MK, S.68.
461 Ebd., S.202.

„In ungeheizten, zugigen Schulzimmern mühsam buchstabiert, dann mit Kreide auf Schiefertafeln gekratzt und schließlich mit Füllhaltern auf holziges Papier mehr graviert als geschrieben, war Stellamours Name längst unauslöschlich im Gedächtnis einer neuen Generation aufbewahrt."[462]

Schrift ist auch für den Historiker in *Eumeswil* Reflexionsgegenstand, in beiden Romanen scheint eine Verschiebung des Schriftparadigmas auf. Martin Venator, für den konventionelle Lektüre zur Hilfswissenschaft abgesunken ist[463] und dem mit dem Luminar eine Technologie zur Verfügung steht, die die Schrift mit Simulationen verschaltet[464], sucht nach progressiver Überwindung der kontinuierlichen textuellen Aufbereitung von Vergangenheit durch punktuelle Querlektüren und Bildüberblendungen. In *Morbus Kitahara* hingegen ist die Bewegung regressiv: Schrift erscheint beinahe nur noch als geformte oder gekerbte Materie. Konstruktionszeichnungen werden „mit einem Feuerhaken in den Morast und in den Staub geschrieben."[465] Gewesenes erscheint nicht in Büchern, sondern als Mal auf geschundenen Körpern. Die Narbe auf der Stirn von Berings Vater wird zum Anknüpfungspunkt immer wiederkehrender Geschichten vom Kriege, Ambras ist gezeichnet von den Jahren der Misshandlung in der Gefangenschaft des Lagers:

> „Bering sah an solchen Tagen [...] die Zeichen der Folter auf dem entblößten Rücken seines Herrn, violett vernarbte Striemen, jahrzehntealte Spuren von Stockschlägen und Peitschenhieben."[466]

Die Spuren vergangener Gewaltanwendung sind den Körpern für immer eingeschrieben. Sie können lediglich *über*schrieben werden durch neue gewaltsame Einprägungen des Materials.

---

462 Ebd., S.38f.
463 Vgl. Eum, S.405f.
464 Vgl. ebd., S.144.
465 MK, S.93.
466 Ebd., S.237.

„Als befreiter ehemaliger Zwangsarbeiter trug er an seinem linken Unter-
arm eine daumenbreite Narbe. Es war der Abdruck jener glühenden Feile,
mit der er die Schmach einer eintätowierten Häftlingsnummer nach seiner
Befreiung für immer gelöscht hatte."[467]

---

467   Ebd., S.69.

5.2 Signaturen der Moderne

Ransmayrs Roman entfaltet seine Version einer posthistorischen Zeit in der Spur der als ‚Morgenthau-Plan' bekannt gewordenen und mit der Nachkriegszeit konnotierten Vision einer deindustrialisierten Welt.[468] Im Zuge der Sühnemaßnahmen, die den Besiegten auferlegt werden, kommt es in Moor zum groß angelegten Rückbau jener technologischen Strukturen, die die europäische Moderne geprägt und zu epochalen Veränderungen in allen Bereichen geführt haben. Der gesamte industrielle Überbau der modernen Gesellschaft wird demontiert, Kraftwerke und Maschinen, Eisenbahn und Automobile, Radio und Fernsehen, alle Insignien des technischen Fortschritts werden aus der Welt Moors abgezogen. Losgebunden und entkoppelt von der Zugkraft einer permanenten Progression, die die Gegenwart beständig in die Zukunft hineinzutreiben schien, schlägt Moor auf der imaginären Zeitachse von nun an die entgegen gesetzte Richtung ein:

> „Unaufhaltsam glitt Moor durch die Jahre zurück. Die Schaufenster des Kolonialwarenladens und der Parfümerie erloschen. Um den See wurde es still: Motoren, die nicht beschlagnahmt und davongeschafft worden waren, verstaubten. Treibstoff war so kostbar wie Zimt und Orangen."[469]

Die Umsetzung dieses „Friedensplanes"[470] kappt die Verbindungen Moors zur Außenwelt. Abgeschnitten von Infrastruktur und Telekommunikation, herausgelöst aus den Zusammenhängen und der Komplexität einer technischen Welt, versinkt der ehemals mondäne Badeort in einem Zustand der Abgeschiedenheit, der Erstarrung, der Dunkelheit und des Zerfalls, in dem die Natur die Räume der Zivilisation langsam zurückerobert und die Spuren menschlicher Existenz zu tilgen beginnt.

---

468 Thomas Neumann hat darauf hingewiesen, dass es sich bei der Vorstellung, Morgenthau, der seinerzeit Finanzminister im Kabinett Roosevelt war, habe die komplette Agrarisierung Nachkriegsdeutschlands geplant, um eine Mythos handelt, der letztlich auf die nationalsozialistische Propaganda selbst zurückzuführen ist. Vgl. Thomas Neumann: ‚Mythenspur des Nationalsozialismus'. Der Morgenthauplan und die deutsche Literaturkritik. In: Wittstock 1997, S.188-193. Gleichwohl knüpft Ransmayr an jenen kollektiv verankerten Mythos an und spinnt in literarisch aus, auch wenn historische Fakten durch ihn entstellt werden.
469 MK, S.43.
470 Ebd., S.43.

„Die Fenster der Werkstatt waren zerschlagen oder blind und die Sterne des Glasbruchs mit Wachspapier verklebt. Dort, wo auch das Papier über diesen Sternen zerrissen war oder fehlte, griffen schon die Zweige eines verwilderten Gartens in das Dunkel der Schmiede."[471]

Die Bevölkerung verroht, arbeitet als Steinbrecher, Salzsieder oder in der Rübenkompanie und haust in einer verfallenden Ruinenwelt, deren Bestände mit den Mitteln der Gegenwart nicht mehr gesichert werden können. Wo keine Ressourcen mehr verfügbar sind und der Versorgungsstrom mit Produkten abgerissen ist, da entsteht eine archaische Wiederverwertungsgesellschaft:

> „*Neu* war und blieb am See immer nur das Alte: Jedes noch so verbogene oder rostzerfressene Stück Schrott mußte in Ölbäder gelegt, gebürstet, geschliffen, zurechtgefeilt und gehämmert und so lange wieder und wieder verwendet werden, bis der Verschleiß jeder Brauchbarkeit ein Ende setzte und nur noch Abfall für die Eisenschmelze hinterließ. So beständig die Schrottgärten um die Häuser und Gehöfte auch wuchsen, die Anzahl der brauchbaren Ersatzteile darin nahm ebenso stetig ab, und der Schmelzofen von Haag, der einzige in der Seeregion, lieferte nur noch minderwertiges Metall, das an Qualität und Beständigkeit mit jeder neuerlichen Einschmelzung verlor."[472]

Ransmayrs Vision einer nachzivilisatorischen Welt schließt sich an Jüngers Bild der ‚ahistorischen Landschaften' an, in deren Mittelpunkt die ‚Deponie' steht: Die historische Zeit mündet in einen Zustand ein, in dem ihre Bestände zur Trümmerlandschaft geworden sind. Die Zeitgenossen zehren von den Überresten und Bruchstücken der Vergangenheit, sie überleben, indem sie die Hinterlassenschaften der Vorgängerzivilisation plündern.

> „So lebt man auf und von den Deponien --- zwischen Schutthalden, die man ausbeutet. Der nackte Hunger folgt vergangenem Reichtum und seinem Überfluß. Der Zuwachs hält nicht mehr Schritt."[473]

---

471 Ebd., S.52.
472 MK, S.229. Hervorh. i. Orig.
473 Eum, S.422f.

Im Gegensatz zu Eumeswil, dessen Statik in einer fernen Zukunft verortet wird, herrscht in Moor eine Regression, die eng auf das Bild- und Erfahrungsarsenal der Moderne bezogen bleibt. Indem in der posthistorischen Welt der Weg in die Zukunft abgeschnitten wird, eröffnet sich einem zurückgewendeten Blick der durchquerte Raum der Vergangenheit. Ransmayrs Text versammelt Fragmente einer Geschichte der Moderne, die, herausgelöst aus ihrem historischen Kontext, wie isolierte Trümmerteile in der Textlandschaft zerstreut werden. Nylonstrümpfe, Kofferradio und Kölnischwasser[474], Kaffeebohnen, Lakritze und Kakao[475], Konsum-, Kolonial- und „Luxusgüter"[476]: Die Fragmente einer Warenwelt, deren Fülle einstmals in den Metropolen, im Glanz der von künstlichem Licht erhellten Passagen versammelt war, bilden in der wiedererwachten Dunkelheit Moors nur noch versprengte und fremdartige Überreste der Erinnerung. Die Fülle jener Warenwelt ist zum Inhalt des Traumschlafs geworden, in den die Gegenwart versunken ist.

> „Die wartenden Dörfer träumten.
>
> Sie träumten im Geschepper ihrer Blechmusik von der Eleganz Italiens, von den Palästen und Palmenpromenaden, von den unerschöpflichen Warenhäusern Amerikas und einer fernen Welt ohne Mangel, in der nach dem Krieg alles immer nur größer und alles immer nur schöner als zuvor geworden war."[477]

Erst die mühevolle Passage über das Steinerne Meer führt in die Wirklichkeit der erträumten anderen Zeitrechnung. Denn erst in Brand, das schon aus der Ferne als Lichtburg strahlt[478], wird klar, dass nur Moor in seiner topographischen Isolation aus dem Raum der geschichtlichen Zeit herausgefallen ist.

---

474 Vgl. MK, S.108.
475 Vgl. ebd., S.109. Die Liste ließe sich beliebig fortsetzen.
476 MK, S.109.
477 Ebd., S.64f.
478 Vgl. MK, S.315.

„In Brand erstrahlte selbst eine Tankstelle wie ein Heiligtum, und aller Reichtum und Überfluß des Tieflands lag in Schaufenstern ausgestellt oder im Scheinwerferlicht: hier ein erleuchteter Springbrunnen, eine lichtsprühende Wasserkunst, dort eine von Neonstrichen schraffierte Fassade und mit Blinklichtern besetzte Antennenbäume ... Und im bühnengroßen Schaufenster eines Kaufhauses, zwischen nie gesehenen, zu Pyramiden gehäuften Früchten, Modellpuppen in glänzenden Pyjamas, Schuhen in allen Farben, Pralinenschachteln und versilberten Armaturen, erhob sich eine *Mauer* aus Licht aus dem Chaos des Angebots, ein flimmernder Wall, der ausschließlich aus leuchtenden Fernsehschirmen bestand! Eine Wand aus leuchtenden Bildern."[479]

Die Welt Moors dagegen besteht nur aus Überresten des Zeitalters der Mechanisierung. Die Träume Berings richten sich daher noch nicht auf die Bildwelten der Telekommunikation, sondern auf eine Urerfahrung der Moderne, auf die Deformation der Wahrnehmung, die in der Sattelzeit der Eisenbahnentwicklung zum Inbegriff einer durch Akzelerationsprozesse veränderten Raum- und Zeiterfahrung geworden ist.

„Daß einer so über ein Auto reden konnte. Daß einer nicht verstand, daß es in der Hand eines Mechanikers lag, ob ein Fahrzeug eine bloße Maschine blieb oder zum Katapult wurde, das selbst einen Invaliden in die dahinschießende Welt menschenunmöglicher Geschwindigkeiten zu schleudern vermochte..., in eine Welt, in der von Klatschmohn durchwachsene Felder zu rot gebänderten Strömen wurden, Hügel zu Wanderdünen, die Gassen von Moor zu rauschenden Mauern und der Horizont zu einer vibrierenden Grenze, die einem *Fahrer* entgegen – und unter ihm hinwegflog."[480]

---

479 MK, S.325f. Hervorh. i. Orig.
480 Ebd., S.94. Hervorh. i. Orig.

5.3 Kindheitsmuster

Die Protagonisten beider Romane gleichen sich in ihren Kindheits- und Sozialisationsmustern. Für Bering, den Sohn einer vaterlosen Nachkriegsgesellschaft, dem der spät zurückgekehrte Vater immer fremd bleiben wird, ist ein problematisches Verhältnis zur paternitären Seite seiner Herkunft ebenso eigentümlich wie für Martin Venator, der seinen Vater wegen geistiger und charakterlicher Differenzen nur den „Erzeuger"[481] nennt, ihn so auf seine biologische Funktion reduziert. An die Stelle von Genealogien, Abstammungs- und Herkunftsbewusstsein treten in beiden Fällen Szenen und Orte, die den eigenen Ursprung zeitlich und topographisch festschreiben. Fällt für Bering die Geburtsstunde mit einem im Kollektivgedächtnis konservierten Ort, mit jener „einzigen *Bombennacht* von Moor"[482] zusammen, so erfährt Venator aus Briefen seines Vaters gar die Umstände seiner Zeugung, die Zeit und Raum gewissermaßen doppelt ins Spiel bringen: „So erfuhr ich vom Zeitpunkt, an dem ich begonnen habe, und auch den Ort: das Kartenzimmer des Historischen Instituts."[483]

Frühkindliche Erfahrungsräume, Existenzformen und Phantasien prägen die Figuren in beiden Romanen, analog erstrecken sie sich in nautische und animalisch-archaische Bildbereiche. Wenn Venator „im Fruchtwasser schwamm, wie Sindbad der Seefahrer von gefährlichen Abenteuern bedroht"[484], die in Form des Vaters seiner Existenz nachstellten, so „schaukelte, schwebte, segelte Bering durch seine Dunkelheit dahin"[485].

Die Bilder der Elternhäuser gehen zugleich über in Bilder schlichter animalischer Behausung, in Bilder jener Baue und Nester, die Gaston Bachelard in seiner Phänomenologie der Orte und Räume als „früheste Wohnung"[486] beschrieben hat. So gleicht Berings frühe Kindheit, die er im pendelnden Korb mitten unter Hühnern verbringt, einem Nest, das

---

481 Eum, S.57.
482 MK, S.9. Hervorh. i. Orig.
483 Eum, S.60.
484 Ebd., S.61.
485 Ebd., S.18.
486 Bachelard 1987, S.112.

den „Mittelpunkt einer Welt"[487] bildet, auf den seine Erinnerung bezogen bleibt.

> „[So] glitt er manchmal tief in seine Jahre zurück, bis ins Dunkel der Schmiede, und schaukelte und schwebte wieder in seiner hängenden Wiege über Hühnerkäfigen [...]."[488]

Im Nimbus kristalliner Zeitlosigkeit werden die Bilder des im Schnee kauernden Bering mit denen des Nestes und der Einschlüsse im Edelstein überblendet, wobei eine komplexe Zirkulation der Signifikanten in Gang gesetzt wird:

> „So still und strahlend ist es wohl auch im Innern jener schwebenden Gärten, in denen sich das Licht zu Chrysanthemen und Sternblüten bündelt und bricht, im Innern der Kristalle, die der Hundekönig in den Schubladen seines Vogelschrankes verwahrt. Bering liegt in einem Nest aus Licht [...], liegt starr wie ein jahrmillionenaltes Insekt, das seine Gestalt von Bernstein umflossen seit Äonen bewahrt [...]."[489]

Martin Venators Kindheitsphantasie richtet sich auf einen Ort der Zuflucht, der Sicherheit und des Behangens, wenn er sich im Winkel des Elternhauses in die Existenz der Haselmaus hineinträumt, die ihr Quartier errichtet, „ein Lager, in dem der Winter verträumt werden sollte [...]."[490] Im Zeichen der Haselmaus als „Totemtier"[491] wird eine Phantasie ursprünglich-animalischer Geborgenheit entrollt.

> „So gibt uns das Behagen wieder dem ursprünglichen Erlebnis der Zuflucht zurück. Körperlich drängt sich das Wesen, das die Empfindung der Zuflucht hat, in sich selbst zusammen, zieht sich zurück, kauert sich hin, versteckt sich, rollt sich ein."[492]

---

487 Ebd., S.108.
488 Ebd., S.147.
489 Ebd., S.250.
490 Vgl. Eum, S.133.
491 Eum, S.132.
492 Bachelard 1987, S.105.

Diese Träumerei wird nicht nur mit dem Bild des Kindes im Mutterleib in Beziehung gesetzt, sondern bildet auch das Muster für Venators eskapistisches Vorhaben der Einrichtung eines Fluchtbunkers im Sus-Delta, in dem er im Falle von Unruhen zu verschwinden gedenkt.[493] Das Nest wird somit nicht nur zum Sinnbild der sicheren Behausung[494], sondern, in der Fähigkeit der Haselmaus, allein zu überwintern, unsichtbar, autonom und zugleich geborgen zu sein, zum Sozialmodell des Anarchen und seiner politischen Existenz.

Die nachzivilisatorischen Szenerien beider Romane werden in Bilder der Abgeschiedenheit, der insularen Isolation und der Bedrohung des Subjektes gegossen, der gegenüber man sich in überkommenen unterirdischen Bunkerwelten verschanzt. Sowohl Martin Venator, dem der verlassene Bunker im Sus-Delta „günstig für den Waldgang"[495] erscheint, als auch Lily und Bering, die sich „in der Geborgenheit eines vor Jahrzehnten gestürmten Forts"[496] wiederfinden, richten sich in den Ruinen der Vergangenheit ein. Die Bilder animalischer Existenz finden ihren Resonanzraum in den Trümmerstätten.

Ausgehend von Berings Urerfahrungen in seiner schwebenden Krippe entspinnt *Morbus Kitahara* ein System von akustischen Räumen, die das Subjekt umfangen. Das eigene Schreien in der akustischen Kulisse der Hühner überlagert „das Getöse der ausgesperrten Welt."[497] Jahre später wiederholt sich diese Erfahrung, wenn die martialische Musik der amerikanischen Militär-Rock-Band zum verkapselten Innenraum wird.[498]

---

493 Vgl. Eum, S.131. Vgl. Renner 1995, S.264f.
494 Vgl. Bachelard 1987, S.110f.
495 Eum, S.145.
496 MK, S.294.
497 Ebd., S.18.
498 Auch hier ist wiederum eine Querverbindung zu *Eumeswil* gegeben: Für Venator eröffnet die Erfindung technischer Speichermedien eine Niedergangsentwicklung zum „ersten Weltstil" (S.122) und zur „Generalisierung und Verflachung der Volksmelodien [...]." (ebd.) Die „Epoche der kämpfenden Staaten" (S.123) habe außerdem „ein Arsenal von besonders häßlichen Instrumenten erzeugt." (ebd.) „Damals hatten die Ärzte mehr mit Patienten zu schaffen, die in Musikhöllen, als mit solchen, die in den Kriegen ertaubt waren." (Eum, S.123). Man fühlt sich durch beide Texte erinnert an eine literarische Umsetzung von Kittlers These von der Rockmusik als ‚Missbrauch von Heeresgerät'. Vgl. Friedrich Kittler: Rock Musik. Ein Mißbrauch von Heeresgerät. In: Elm, Theo u.a. (Hg.): Medien und Maschinen. Literatur im technischen Zeitalter. Freiburg im Breisgau 1991. S.245-257.

„Tief im Inneren der großen Musik einer Band mußte er den schmerzhaften Weltlärm nicht mehr aus seinen eigenen Lungen und aus seiner Kehle übertönen, sondern dort war es dieser fremde, seinem Urgeschrei und seinen Vogelstimmen seltsam verwandte Klang, der ihn wie ein Panzer aus Rhythmus und Harmonien umfing und schützte.“[499]

Im tristen Moor eröffnet der Raum der Musik die Möglichkeit für einen imaginären Aufschwung. Die Erfahrungsräume der Kindheit kehren auf dem Konzert in Lilys Nähe wieder, deren Arme Bering „sachte zur Erde zurückziehen – aber nicht *hinab* in eine klirrende Welt, sondern in ein Nest.“[500]

Der Rhythmus der Musik kehrt wieder im Rhythmus der Maschinen, denen Bering sich selbstvergessen hingibt, denn dem „Feinhörigen“[501] wird der Motorenlärm zur „harmonische[n] Orchestrierung aller Klänge und Stimmen eines mechanischen Systems“[502], aus dem akustischen Raum rekonstruiert er „den Bauplan der Maschine.“[503]

499 MK, S.147.
500 MK, S.166. Hervorh. i. Orig.
501 Ebd., S.222.
502 Ebd., S.223.
503 Ebd.

5.4 Bilder

Die Präsenz der Vergangenheit in der Gegenwart entzündet sich immer wieder an den materiellen Speichermedien, von denen der Text geradezu durchsetzt ist: „Namenslisten, Zahlenkolonnen, Kubaturen, Strafregister"[504], Inschriften, Fahrpläne, Plakate, „Zeitschriften"[505], Fotos und vieles mehr. Dinge, die wie Fremdkörper aus einer zunehmend archaischen Umgebung herausstechen und die selbst elementaren Verfallsprozessen unterliegen, bilden in der Textwirklichkeit Schnittpunkte, in denen Jetztzeit und Gewesenes zusammentreten.

Zugleich liegen sie aber auch Ransmayrs Schreibstrategie zugrunde, dessen Szenerien oft „Bildbeschreibungen"[506] gleichen und dessen Annäherung an die Themen des Romans den Weg über die zeithistorischen Dokumente und Materialien genommen hat.[507]

Im Roman selbst tauchen diese Überreste, Fragmente und Artefakte wieder auf, verbinden die Erzählgegenwart mit dem Gewesenen und halten es in ihr präsent. Fotografien werden zur Vorlage der verordneten Nachstellungen der Geschichte[508] und sie prägen die Erinnerungsarbeit der Figuren: Lilys Mutter, die ihren verschollenen Mann „nach einer Fotografie"[509] abmalt „ersetzte die schwarze Uniform Pinselstrich für Pinselstrich durch einen Lodenanzug mit Hirschhornknöpfen [...]."[510] Zugleich eröffnet die unverletzliche technische Optik in ihrer emotionslosen Wahrnehmungsschärfe die Möglichkeit einer Konservierung des Grauens.

> „Das Plakat zeigte eine riesige Buche, von deren untersten, ausladenden Ästen fünf Häftlinge in gestreiften Drillichanzügen in einer entsetzlichen Verrenkung hingen."[511]

---

504 Ebd., S.45.
505 Ebd., S.68.
506 Scherpe 2002, S.168.
507 Vgl. Ransmayrs Gespräch mit Sigrid Löffler über *Morbus Kitahara*. In: Wittstock 1997, S.213-219.
508 Vgl. MK, S.45.
509 MK, S.122.
510 Ebd.
511 MK, S.173.

Die kalte Technizität der Geräte überträgt sich auch auf Figuren. Lily wird mit dem Blick durch die Optik zu Jägerin.

> „Hatte sich die Jägerin für ein Ziel entschieden, dann zeichnete sie den letzten Weg ihrer Beute mit dem Gewehrlauf so langsam und unbeirrbar nach, als wären ihre Hände, ihre Arme, Schultern und Augen mit dem Zielfernrohr und der Mechanik der Waffe zu einer einzigen, halb organischen, halb metallischen Maschine verschmolzen."[512]

Dem kalten Blick der Apparatur, die sogar die Folgen eines nuklearen Krieges abzubilden vermag[513], korrespondiert in *Morbus Kitahara* eine Verletzlichkeit des Augenlichtes, die in zahllosen Begriffen und Namen des Textes präsent ist von den „Blindbrassen"[514] über das „Blinde Ufer"[515] bis zu den *„Blinde[n] Zügen"*[516], die im Kriege Deportierte transportierten.

Berings Vater erblindet nahezu durch einen „von der Drehbank hochschnellenden Schwarm aus Eisenfeilspänen"[517], ein Stallbursche starrt in die Schweißflamme, bis er „die Welt vor Blendungsbildern nicht mehr [sieht]."[518] Schließlich beginnen schwarze Flecken Berings Blick auf zu überlagern und seine Bilder der Welt zu durchlöchern. Er leidet an der Krankheit ‚Morbus Kitahara', die dem Roman seinen Namen verliehen hat.

Die Textwirklichkeit entfaltet sich in einem komplexen System von Blick und Bild, von Licht und Schatten und von Hell-Dunkel-Effekten. Wahrnehmungsakte erscheinen gefährdet und von optischen Medien über-

---

512 Ebd., S.130.
513 „Aber einer der Vertrauensmänner kam ihm zuvor, riß das Heft an sich und blätterte mit fliegenden Fingern darin, bis er endlich jene Fotografie fand, die er dem Ausgeschlossenen noch zeigen wollte, eine dunkle Doppelseite, ein Durcheinander verkohlter Gliedmaßen und kahl gebrannter Köpfe und im Vordergrund, zwischen glasigem Schutt, eine geöffnete Hand, eine Kralle: ‚Das Kleingeld', sagte der Vertrauensmann, ‚die Münzen ... die Hitze war so groß, daß ihnen die Münzen in den Händen zerronnen sind.'" (MK, S.386).
514 MK, S.79.
515 Ebd., S.64.
516 Ebd., S.31. Hervorh. i. Orig.
517 Ebd., S.49.
518 Ebd., S.88.

formt. Die Bilder der Welt werden zurückgebunden in Perspektivität und Subjektivität. Eine Schreibweise, die aus den Überresten, Artefakten und Fragmenten der Geschichte heraus einen literarischen Text entwickelt und in der damit die Destruktion von Kontinuitäten schon von vorne herein angelegt ist, wird auf der Ebene der Bildproduktion des Textes auto-hermeneutisch mitreflektiert.

6. Resümee

Beide Romane handeln vom Ende der Möglichkeit historischer Erfahrung und sind gleichermaßen geprägt von „von einer postmodernen Utopie-Skepsis und einem tiefgreifenden Entwicklungspessimismus"[519]. Als negative Utopien negieren sie den Raum künftiger Fortschrittsentwicklung und spiegeln diesen Befund in der zirkulären Ziellosigkeit der Narration und im Verschwinden der Figuren.

In der Destruktion tradierter, an Kontinuität orientierter Erzählgewohnheiten ist Jüngers Text, dessen Zerfall in zahllose Reflexionsschleifen und Bilder kaum noch durch ein Erzählgerüst zusammengehalten werden kann, sehr viel radikaler als Ransmayrs. Stilistische Ähnlichkeiten scheinen in bisweilen prätentiösen und weihevollen Passagen beider Romane auf.[520] Überraschend erscheint bei zwei Autoren solch unterschiedlicher Provenienz jedoch die Korrespondenz vieler Einzelmotive, beispielsweise die Elementarisierung von Geschichte und ihre Überführung in Bildbereiche des Anorganischen.

In beiden Texten wird das Potential zur Darstellung eines ‚Endes der Geschichte' aus einer Umkehr der Perspektive gewonnen, die den Blick zurück in den Raum des Gewesenen richtet, wobei die Erfahrung der Jetztzeit, d.h. die Erfahrung einer gescheiterten Gegenwart diesen Blick präformiert. Aus dem katastropischen Horizont der Gegenwart kann auch die Vergangenheit nicht mehr als sinnzentrierte Textur gelesen werden. Die Imagination einer posthistorischen Welt wird daher bedingt durch einen veränderten Blick auf die Historie selbst: Deren Kontinuität und Zusammenhang wird fragmentiert und zertrümmert, zerlegt in Konstellationen, die aus dem zeitlichen Zusammenhalt gelöst und in topographische Raum- und Bildordnungen überführt werden.

Walter Benjamin hat solche Verfahren in seinen Theorien entwickelt und erprobt. Er bietet daher ein Paradigma und ein Instrumentarium zur Entzifferung der Bedeutungskonstitutionen in Texten, die die Kategorien von historischer Zeit und Raum verschalten.

---

519 Niekerk 1997, S.161f.

520 „Man könnte Sätze [aus *Morbus Kitahara*] herausnehmen und sie in Ernst Jüngers *Auf den Marmorklippen* wieder einsetzen [...]." (Scherpe 2002, S.172).

7. Literaturverzeichnis

Jünger, Ernst: Eumeswil. Stuttgart 1977.
Jünger, Ernst: Sämtliche Werke. 18 Bände. Stuttgart 1978-1983.
Ransmayr, Christoph: Morbus Kitahara. Frankfurt a.m. 1995.

Arnold, Heinz Ludwig (Hg.): Aufbruch ins 20. Jahrhundert. Über
  Avantgarden. Sonderband Text und Kritik. München 2001.
Arnold, Heinz Ludwig (Hg.): Ernst Jünger. Text und Kritik 105/106.
  München 1990.
Bachelard, Gaston (1987): Poetik des Raumes. Frankfurt a.m. 1987.
Benjamin, Walter: Gesammelte Schriften. 7 Bände. Unter Mitwirkung
  von Theodor W. Adorno und Gershom Sholem hg.v. Rolf Tiede-
  mann und Hermann Schweppenhäuser. Frankfurt a.m. 1991.
Bolz, Norbert 1989: Auszug aus der entzauberten Welt. Philosophischer
  Extremismus zwischen den Weltkriegen. München 1989.
Bolz, Norbert und Willem van Reijen 1991: Walter Benjamin. Frankfurt
  a.m. und New York 1991.
Buck-Morss, Susan 1993: Dialektik des Sehens. Walter Benjamins
  Passagen-Werk. Frankfurt a.m. 1993.
Dreher, Martin (Hg.): Bürgersinn und staatliche Macht in Antike und
  Gegenwart. Konstanz 2000.
Foucault, Michel 1971: Die Ordnung der Dinge. Eine Archäologie der
  Humanwissenschaften. Frankfurt a.m. 1971.
Fröhlich, Monica 2001: Literarische Strategien der Entsubjektivierung.
  Das Verschwinden des Subjekts als Provokation des Lesers in
  Christoph Ransmayrs Erzählwerk. Würzburg 2001.
Garber, Klaus und Ludger Rehm (Hg.): Global Benjamin. 3 Bd.
  München 1999.
Gehlen, Arnold 1963: Über kulturelle Kristallisation. In: Welsch,
  Wolfgang (Hg.): Wege aus der Moderne. Schlüsseltexte der
  Postmoderne-Diskussion. Weinheim 1988. S.133-143.
Held, G., C. Hilmes und D. Mathy (Hg.): Unter Argusaugen. Zu einer
  Ästhetik des Unsichtbaren. Würzburg 1997.

Hervier, Julien 1996: Versuch einer Standortbestimmung von *Eumeswil*. In: Koslowski, Peter (Hg.): Die großen Jagden des Mythos. Ernst Jünger in Frankreich. München 1996. S.97-114.

Hinck, Walter 1983: Der Denkspieler Ernst Jünger. *Sein Roman Eumeswil*. In: ders.: Germanistik als Literaturkritik. Zur Gegenwartsliteratur. Frankfurt a.M. 1983. S.94-99.

Hinck, Walter: Germanistik als Literaturkritik. Zur Gegenwartsliteratur. Frankfurt a.M. 1983.

Holthusen, Hans Egon 1984: Heimweh nach Geschichte. Postmoderne und Posthistoire in der Literatur der Gegenwart. In: Merkur 38 (1984) H.430. S.902-917.

Honold, Alexander 1999: Die steinerne Schuld. Gebirge und Gedächtnis in Christoph Ransmayrs ‚Morbus Kitahara'. In: Sinn und Form 51 (1999) H.2. S.252-267.

Hüppauf, Bernd 1999: Walter Benjamins imaginäre Landschaften. In: Garber, Klaus und Ludger Rehm (Hg.): Global Benjamin Bd. 3/3. München 1999. S.1584-1609.

Kamper, Dietmar 1990: Weltstaat im Kopf, Wildnis im Herzen. Ernst Jüngers Anmerkungen zum >Post-Histoire<. In: Arnold, Heinz Ludwig (Hg.): Ernst Jünger. Text und Kritik 105/106. München 1990. S.82-88.

Kiesel, Helmuth 1994: Wissenschaftliche Diagnose und dichterische Vision der Moderne. Max Weber und Ernst Jünger. Heidelberg 1994.

Knoll, Heike 1997: Untergänge und kein Ende: Zur Apokalyptik in Christoph Ransmayrs *Die letzte Welt* und *Morbus Kitahara*. In: Literatur für Leser 20 (1997) H.4. S.214-223.

Koslowski, Peter (Hg.): Die großen Jagden des Mythos. Ernst Jünger in Frankreich. München 1996.

Koslowski, Peter 1995: Die Rückkehr des Titanen Mensch zur Erde und das Ende der ‚Geschichte'. Jüngers Essay *An der Zeitmauer* (1959). In: Müller, Hans-Harald und Harro Segeberg (Hg.): Ernst Jünger im 20. Jahrhundert. München 1995. S.217-247.

Koslowski, Peter 1996: Nationalismus – Geschichtsphilosophie – Mythos. In: ders. (Hg.): Die großen Jagden des Mythos. Ernst Jünger in Frankreich. München 1996. S.7-12.

Liessmann, Konrad Paul 1997: Der Anfang ist das Ende. *Morbus Kitahara* und die Vergangenheit, die nicht vergehen will. In: Wittstock, Uwe (Hg.): Die Erfindung der Welt. Zum Werk von Christoph Ransmayr. Frankfurt a.M. 1997. S.148-157.

Löw, Martina 2001: Raumsoziologie. Frankfurt a.M. 2001.

Luhmann, Niklas 1997: Die Gesellschaft der Gesellschaft. 2 Bd. Frankfurt a.M. 1997.

Maresch, Rudolf und Niels Werber 2002: Permanenzen des Raums. In: dies. (Hg.): Raum, Wissen, Macht. Frankfurt a.M. 2002. S.7-30.

Maresch, Rudolf und Niels Werber (Hg.): Raum, Wissen, Macht. Frankfurt a.M. 2002.

Müller, Hans-Harald und Harro Segeberg (Hg.): Ernst Jünger im 20. Jahrhundert. München 1995.

Niekerk, Carl 1997: Vom Kreislauf der Geschichte. Moderne – Postmoderne – Prämoderne: Ransmayrs *Morbus Kitahara*. In: Wittstock, Uwe (Hg.): Die Erfindung der Welt. Zum Werk von Christoph Ransmayr. Frankfurt a.M. 1997. S.158-180.

Niethammer, Lutz 1989: Posthistoire. Ist die Geschichte zu Ende? Reinbek bei Hamburg 1989.

Pekar, Thomas 1999: Ernst Jünger und der Orient. Mythos – Lektüre – Reise. Würzburg 1999.

Plumpe, Gerhard 2001: Avantgarde. Notizen zum historischen Ort ihrer Programme. In: Arnold, Heinz Ludwig (Hg.): Aufbruch ins 20. Jahrhundert. Über Avantgarden. Sonderband Text und Kritik. München 2001. S.7-14.

Renner, Rolf Günter 1995: Modernität und Postmodernität im erzählenden Spätwerk Jüngers. In: Müller, Hans-Harald und Harro Segeberg (Hg.): Ernst Jünger im 20. Jahrhundert. München 1995. S.249-268.

Rubel, Alexander 2000a: Griechische Tyrannis und das Verhältnis des Subalternen zur Macht in Ernst Jüngers *Eumeswil*. In: Dreher, Martin (Hg.): Bürgersinn und staatliche Macht in Antike und Gegenwart. Konstanz 2000. S.263-284.

Rubel, Alexander 2000b: *Venator historiae* – der Historiker als ,subtiler Jäger'. Geschichtsphilosophisches in Ernst Jüngers *Eumeswil*. In: Etudes germaniques 55 (2000) H.4. S.763-780.

Scherpe, Klaus R. 2002: Stadt. Krieg. Fremde. Literatur und Kultur nach den Katastrophen. Tübingen und Basel 2002.

Sieferle, Rolf-Peter 1991: Ernst Jüngers Versuch einer heroischen Überwindung der Technikkritik. In: Figal, Günter und R.-P. Sieferle (Hg.): Selbstverständnisse der Moderne. Formationen der Philosophie, Politik, Theologie und Ökonomie. Stuttgart 1991. S.133-173.

Spengler, Oswald 1995: Der Untergang des Abendlandes. Umrisse einer Morphologie der Weltgeschichte. München 1995.

Weigel, Sigrid 1997: Entstellte Ähnlichkeit. Walter Benjamins theoretische Schreibweise. Frankfurt a.M. 1997.

Weigel, Sigrid 2004: Literatur als Voraussetzung der Kulturgeschichte. Schauplätze von Shakespeare bis Benjamin. München 2004.

Weigel, Sigrid 1990: Topographien der Geschlechter. Kulturgeschichtliche Studien zur Literatur. Reinbek bei Hamburg 1990.

Weigel, Sigrid 2002: Zum >topographical turn<. Kartographie, Topographie und Raumkonzepte in den Kulturwissenschaften. In: Kulturpoetik 1 (2002). H.2. S.151-165.

Welsch, Wolfgang (Hg.) 1988: Wege aus der Moderne. Schlüsseltexte der Postmoderne-Diskussion. Weinheim 1988.

Villwock, Jörg 1997: Rückblick in die Zukunft. Zum Verständnis von Historie in Ernst Jüngers *Eumeswil*. In: Held, G., C. Hilmes und D. Mathy (Hg.): Unter Argusaugen. Zu einer Ästhetik des Unsichtbaren. Würzburg 1997. S.134-148.

Wittstock, Uwe (Hg.) 1997: Die Erfindung der Welt. Zum Werk von Christoph Ransmayr. Frankfurt a.M. 1997.